エジプト人の「いい加減」でがんばりすぎない生き方

「やれたらやります精神」で人生は楽になる

八十 恵
YASO MEGUMI

KADOKAWA

本書に登場する主なエジプトの地域と周辺国マップ

エジプトの食べ物

クナーファ

ラマダンの楽しみ！
エジプトの伝統菓子

コシャリ

Zooba というレストラン
のコシャリは絶品！

栄養価が高すぎる!?
朝食の定番

フール

ケバブ

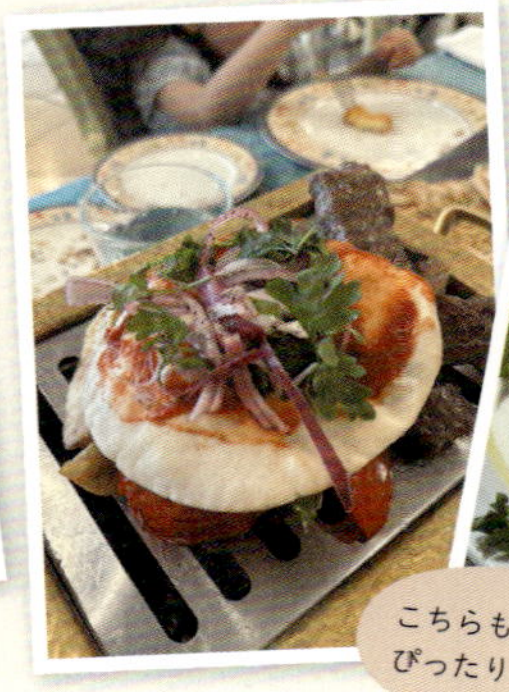

そら豆のコロッケ（ターメイヤ）

こちらも朝ごはんに
ぴったり

モロヘイヤスープ

ここにエイシというパン
がつくと、レストランの
定番セットに！

エジプトチーズ

スーパーの
チーズ売り場は圧巻

ハルミチーズの
フライもおすすめ

エジプトのお土産、名物

この蛇のマークを
見かけたら
ドラッグストアの証し

ドラッグストア

ラムセス２世像

パピルス

古代エジプトらしい
イラストが楽しめる！
自分の名前を入れて
もらえるお店も

バクシーシ専用ボックスを
故郷のフルガダで発見！

バクシーシ
ボックス

香水瓶

ランタン

アラビアンな雰囲気
満点の人気お土産

まるで日本の原宿で
売られているような
大きなわたあめを作れる
機械もおすすめ

わたあめ機

スーパーにはナッツや
スパイスがずらり

ナッツ

美しいエジプトの町並み

1 フルガダ

書籍制作中に故郷フルガダに里帰りしたときに、撮影したフルガダの風景・スポットをお届けします。フルガダは紅海に面したリゾート地で、アクティビティも楽しめる町です。

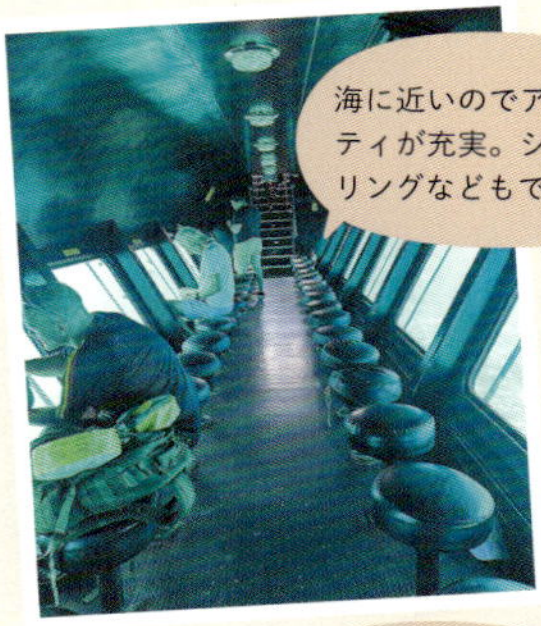

海に近いのでアクティビティが充実。シュノーケリングなどもできる

好きな色やモチーフを選んでつくる砂アートはフルガダのお土産にぴったり

② エルグウナ

ホテルやレストラン、学校などもある観光都市。エジプトの億万長者、サミー・サウィリスが考案し、1989 年から開発がスタートしました。

フルガダの近くに位置する美しいリゾート地として観光客に人気です。

③ アインスクナ

こちらもフルガダ、エルグウナと同じく、紅海に位置するリゾート地。「アインスクナ」とはアラビア語で「温泉」のこと。ヨーロッパからの観光客は多く訪れるようですが、日本人観光客にはあまり知られていない穴場スポットかもしれません。

カイロとギザ周辺のおすすめスポット

エジプト旅行に訪れたらぜひ一度立ち寄ってほしい、
おすすめの場所をご紹介します。

1 ハン・ハリーリ

カイロにある大きな市場。お土産を買うときにぴったりの場所です。
見ているだけでわくわくします。

2 シティ・スターズ

わたしも何度も訪れている、カイロにある大型ショッピングモール。
ここでもお土産などを買うことができますよ。

3 日本食レストラン「牧野」

長期滞在をしていて日本食が恋しい……！ となったときにおすすめのカイロにある本格派日本食レストラン。寿司や天ぷら、お刺身などが楽しめます。

④ ナインピラミッドラウンジ（9 Pyramids Lounge）

その名の通り、９つのピラミッドを直接見ながら食事ができる、
開放的なラウンジレストランです。ケーキもおすすめ！

⑤ Cave Church

ニューカイロとゴミ処理で有名な町「マンシェット・ナセル」に挟まれた位置にある教会。

アクセスがやや悪いのですが、洞窟《どうくつ》のような内観をぜひ見ていただきたいです。

⑥ カイロ・マリオット・ホテル

カイロにある高級ホテルです。19 世紀ごろに迎賓館として建てられた建物を改装したため、とても豪華。料理も絶品です。はじめて日本から旅行される方にはあまり知られていないかもしれません。

はじめに

わたしはエジプト人で、夫は日本人です。

お見合いではなく恋愛結婚なのに、交際期間が一日もないまま結婚しました。日本でそのことを話すととても驚かれます。でも、エジプトではとくに珍しいことではありません。エジプトでは婚約前に「好きです」と告白したり、交際して関係を深めていったりする発想そのものがないからです。お互いに「いいな」と思えるようになったら、交際を始めるのではなく、結婚を考えるのが自然な流れです。

そのため、友人のように親しくなっていただけだった頃の夫から「好きだよ」と言われたときにはビックリしました。エジプトでは考えられないことだったからです。てっきりプロポーズを受けたのかと思ったわたしは、その疑問をぶつけてみました。すると今度は、夫がずいぶん戸惑っていました。

それが〝文化や習慣の違い〟というものです。

そんなすれ違いこそあったものの、わたしたちは結婚して日本で暮らすようになりました。

皆さんはエジプトと聞くとどんなイメージをおもちでしょうか？　もしかすると皆さんがイメージするエジプトと現代のエジプトのあいだには、ずいぶんギャップがあるのかもしれません。

たとえば２０２４年に開催されたパリオリンピックでは、エジプト代表の女子ビーチバレーの選手が全身をすっぽり覆うウェアでプレーしたことがニュースになりました。今でもエジプトの女性って肌の露出が許されないの？　と思われた人もいたのではないでしょうか。それが多くの人がイメージするエジプトなのかもしれませんが、現実はそうではありません。

現在エジプトでヒジャブ（ヘッドスカーフ）を着ける女性はかなり少なくなっていて、町の中で見られるファッションも欧米と変わらないものになっているというのが本当のところです。

昔とくらべてエジプトはずいぶん変わってきました。

その一方で、昔から変わらないユニークな国民性や慣習もあります。

たとえばマイペースな人が多いのもエジプト人の特徴といえるかもしれません。単なるマイペースというのとは少し違うのですが……。

「約束した時間があれば、それより早くは行かないようにする」

「出社してもすぐには仕事を始めず、まずゆっくり朝ごはんを食べることも多い」

「終業時間になればすぐに帰宅して、残業はしない」

こうしたあり方はある意味、エジプトスタイルです。

日本人からすれば、だらしがないように見えるかもしれないけれど、エジプト人は、自分たちがつくりだすものについて決して妥協はしません。

たとえばエジプトの象徴であるピラミッドは、現代の建築家をうならせるような精度でつくられています。ピラミッドは、身分の低い人たちを奴隷のように働かせてつくらせたのではないかとも考えられていましたが、実際は〝ホワイトな労働環境〟の中でつくられていたこともわかってきました。それでいながら世界中の人たちを驚かせるようなものをつくってしまうのがエジプト人です。

マイペースに見えて、がんばりすぎないようでいながらも手は抜かず、緻密《ちみつ》な仕事をやってのける。

そんなエジプトスタイルには、ふだんから一生懸命すぎる人が**〝ラクに生きるためのヒント〟**があるのかもしれません。わたしの夫がそうであるように日本人には働きすぎなところがあるようなのでとくにそう感じます。

日本とエジプトをくらべれば、それぞれのすばらしさもあるのだと思います。どちらがいいということではなく、違いがあるだけです。

わたしと夫も、習慣の違いなどを理解し合いながら生活しています。

日本で暮らしはじめたばかりの頃は戸惑う部分も多く、ホームシックになるときもありました。それでも少しずつ日本のルールのようなものがわかっていったのです。だからこそわたしは、エジプトの人たちに日本がどういうところなのかをもっと知ってもらいたいと考えるようにもなりました。そのためＹｏｕＴｕｂｅを使ってアラビア語で日本の情報を発信するようになったのです。

それからしばらくして、今度は逆に、日本語でエジプトの情報を発信するようにもなりました。それが「ＴＨＥエジプト人です！」というチャンネルです。

日本の方に「エジプトといえば？」と聞くと、きっと砂漠とピラミッドのイメージで埋め尽くされるのではないでしょうか。学校の教科書に載っているような古代エジプトのことしか知られていないのではないかとも感じます。

でも実際は……、**日本人が知らないおもしろいエジプトの一面がたくさんあります。**

そのことを多くの人に知ってもらいたくなったのです。

今回この本を出そうと決めたのも同じ理由です。

〝もっとエジプトのことを知ってほしい！〟

そういう想いから、エジプトの最新事情やエジプト人のキャラクターなどについてまとめてみました。日本人にとっては、はっとする生き方のヒントもあるのではないかと思います。

本書を通じてぜひエジプトのリアルを感じてみてください。

✸目次✸

第1章

30分でわかる！ 知る人ぞ知るリアルなエジプト案内

第2章

残業や飲み会もなし とことん無理しない生き方

第3章

日本と真逆なエジプトの恋愛事情と人付き合い

第4章

まだまだあるエジプトのカオスな日常

第5章

どこよりも詳しい、エジプト旅を120%満喫するためのガイド

ブックデザイン／菊池祐
装画・本文イラスト／アイハラチグサ
構成／内池久貴
DTP／エヴリ・シンク
校正／パーソルメディアスイッチ

第 1 章

30分でわかる！　知る人ぞ知るリアルなエジプト案内

エジプトの一部は実はアジア
気候も意外と暑くない

第1章は、今のエジプトがざっとわかるような見取り図にしました。さっそく皆さんをご案内します。

エジプトと聞くと、どの大陸にある国の印象が強いでしょうか。きっとアフリカの国と思う人が多いはず。確かにそうなのですが、エジプトのシナイ半島はアジア大陸とアフリカ大陸を結んでいるので、実は**エジプトの一部はアジアに位置する**という見方もできます。

それから、地中海を挟むかたちで**ヨーロッパにも接しています。**

地理的にいってもボーダーラインにあるので、歴史や文化、民族構成には複雑な面があります。日本の人たちにとっては〝ピラミッドを建てた古代王国〟のイメージが強いかもしれませんが、実際はさまざまな文化が入ってきています。

古代エジプトの歴史は紀元前5000年頃から始まり、古代王朝の時代には独自の文化を築いていました。その後、周辺国から侵略を受けたこともあり、さまざまなかたちでアジアやヨーロッパの文化が入ってくることになったのです。そして現在では、アラブ世界の中でリーダー的な地位についています。

文化や民族の交差があったからこそ、ホモジニアス（同一種）ではなく、**いろいろな人種や文化が混淆《こんこう》したダイバーシティ（多様性）**が発達していきました。

それがエジプトの土台になっています。

気候面については、砂漠のイメージが強いので、年中暑い常夏の国だと思われがちかもしれません。

しかし、**エジプトには冬もあります。**

1年の中で11月から2月くらいまでが冬です。ただし、日本の冬ほど寒くはありません。首都カイロの12月の気温は14度から18度くらいです。

比較的過ごしやすいので、観光には冬が勧められることも多いほどです。

3月から5月あたりが春で、9月頃からは秋だと位置づけられますが、秋と冬は区別しづらくなっています。実際に、アラビア語には「秋（ハリーフ）」という言葉があるのですが、エジプトではこの言葉はほとんど使われません。

エジプトで育ったわたしは秋らしい秋を知りませんでした。それだけが理由ではありませんが、日本の秋はとても好きです。

日本のように四季があるというよりは3つのシーズン（三季）に分けるイメージです。

古代エジプトにおいてもそうでした。

かつてのエジプトでは毎年、ナイル川が増水していき、周辺を海のようにしたあと、水が引いていきました。その周期から1年を三季に分けて、増水季（アケト）、播種《はしゅ》季／冬季（ペレト）、収穫季（シュムウ）としていたのです。

エジプトの8月は40度を超える日もあります。ぎょっとするかもしれませんが、そこまで厳しい暑さを感じることは実はあまりありません。

エジプトの町は、建物がごちゃついてなく、円を描くようにレイアウトされています。そのため風がよく通ります。

家の天井も日本より高いので、空気がこもりません。

湿度が高くないこともあり、**夏でもわりと過ごしやすい。**

わたしなんかは、**日本の夏の暑さには耐えられず、夏はできるだけエジプトで過ごすようにしているくらい**です。

8月でも、カイロにいればエアコンをつけるのは1日2時間ほどで済むレベルです。

あまり薄着をしていると、風邪をひいてもおかしくないくらい涼しいですよ。

エジプト＝砂漠はもう古い？

エジプトといえば砂漠！

とにかくそのイメージが強いようです。

でも、エジプト人なら誰でも、「エジプトは砂漠だけの国じゃない」、**「自分たちは砂**

漠に住んでいるわけではない!」と主張したいはずです。

エジプトの人口は1億1000万人ほど。

面積は日本の約2・7倍ありますが、人口は日本よりちょっと少ない。

そんな中、**ほとんどの人が住んでいるのは、砂漠ではなくオアシスのような場所**です。

本物のオアシスではありませんが、砂漠の中に暮らしやすいところを見つけて、そこに町や道をつくっていきます。町から出れば、すぐに砂漠になるところが多いのですが、町の中にいる限りは砂漠に住んでいる感覚はまるでありません。

わたしは子供の頃、エジプト南部で紅海に面している**フルガダ(Hurghada)**という町に住んでいました。今はリゾート地として人気になり、オアシスのようにも言われている場所です。でも、わたしが住んでいた頃のフルガダは普通の町にはなりきれていない砂漠でした。**家から一歩出れば砂漠が広がっていたのです。**

今のエジプトにそういう町はありません。

現在のフルガダがそうではなくなっているように、ほとんどの町は、家の前にはちゃんと道があり、砂漠とは切り離されたつくりになっています。

国土の9割以上が砂漠というのは事実だけれど、窓を開ければ砂漠が見えるようなところに住んでいるわけではないということ。

だからこそ、あまり、砂漠、砂漠と言わないでという気持ちもちょっとあります（笑）。

首都カイロは〝世界有数のメガシティ〟になっていて、その東にベッドタウンとしてつくられたニューカイロはすごく美しい町です。

緑にあふれているだけでなく、ビバリーヒルズにたとえられるような商店街もあります。5つ星ホテルや高級レストラン、モダンな邸宅などが建ち並び、ヨーロッパの富裕層が別宅を構えるようにもなっています。官公庁や大使館などもニューカイロにあります。一方で、遺跡などが残っているエリアはオールドカイロと呼ばれます。

ただ、そのニューカイロと、オールドカイロを結ぶ道の周りには砂漠が広がっています。こうした環境はカイロ近郊に限ったことではありません。町そのものは都会であっても、町から町へと移動するときには、砂漠の中を道が通っている。ほとんどの地域がそういう感じになっています。

侵略や略奪の歴史を柔軟に生き延びてきた

クフ王、カフラー王、メンカウラー王の墓だとされる**ギザの三大ピラミッド**は「古王国時代」に分類される第四王朝期の紀元前２５００年頃につくられました。王朝の時代は長く続いたものの、紀元前７世紀ごろにはアッシリア帝国に征服されてしまいました。

アッシリア帝国から独立は果たしましたが、その後ペルシャ帝国やマケドニア王国、ローマ帝国などにも侵略されています。イスラム帝国の支配を受けて**イスラム王朝**になったあとにもオスマン帝国が侵略してきました。

近世でいえば、**ナポレオンの遠征やイギリスの支配**もありました。

あらためてエジプト王国が成立したのは第一次世界大戦後のことです。

そんな歴史があるため、ピラミッドの副葬品をはじめ、多くの財宝や文化財が海外に流出してしまいました。

ロンドンの大英博物館には古代エジプトの彫刻などが展示されているコーナーがあります。

その展示品の中でもとくに有名な**ロゼッタ・ストーン**（古代文字が刻まれた石柱）は、ナポレオンの遠征軍がエジプトから接収したものです。

ピラミッドでは古くから盗掘が繰り返されていたこともよく知られていることでしょう。いわゆる**「墓泥棒」**が絶えなかったために海外に流出した文化財もあります。

そうした文化財がエジプトに戻されることを願っているのはもちろんですが、悲観ばかりはしていません。海外に持ち出されているからこそ、「広く多くの人に見てもらえている」という考え方もできるからです。

自分たちでは気がつかなかったいいところを見つけてもらったり、研究を進めてもらっている面もあります。

ナポレオンがエジプトに遠征した際には学者の一団を同行させていました。そのことがロゼッタ・ストーンやヒエログリフ（古代エジプトの聖刻文字）の解読にもつながっています。

侵略をはじめとしてイヤな目に遭ったことは多かったけれど、どんなことでも考え方次第で受け入れられるのです。

エジプト人はとにかく話術に長けている

長い歴史の中で起きたひとつひとつのことがパズルのピースのようになって、今のエジプトの文化、そしてエジプト人のキャラクターをつくっています。

現代のエジプト人は、話をするのが上手だともいわれます。

おしゃべりな人が多く、他国の言葉もすぐに覚える。ビジネスの場などにおいても巧みな話術で交渉します。

そうなったことに関しては、歴史の影響が大きかったと考えられます。前述したさまざまな国の支配や略奪を受けながら生き延びてきたということがまずあります。そのうえ、エジプト人と一口に言ってもギリシャ系やアフリカ系などルーツはバラバラで、もともとの言語や性格なども違ってきます。そのような環境でうまくやっていくために、巧みな話術が身についていったのだと思います。

現在、アラブ世界においてエジプトの影響力が大きいのは、国力の問題ではなく、エジプト人は話がうまいからだとも言われています。

昔も今もとことん猫ファースト

猫の祖先はエジプトで生まれ、人間と猫が一緒に暮らすようになったのは古代エジプトが最初だとも考えられています。

最古の猫がエジプトで生まれたのかどうかは確かめられないにしても、昔も今もエジプト人は猫を大切にしており、人と猫がともに暮らしている様子を描いた絵もたくさん見つかっています。

古代エジプトでは、猫が死んでしまうと、あの世での食事としてミルクやネズミを供えて、手厚く埋葬していたこともわかっています。

紀元前525年の**「ペルシウムの戦い」**では、侵攻してきたペルシャ軍にエジプト軍は敗れてしまいました。このときペルシャ軍は、盾に猫の絵を描いていたので（生きている猫を縛りつけていたという説もあります）、エジプト軍は攻撃できなかったのだとも言われています。それくらいエジプト人は猫を大切にしてきたわけです。

また、大英博物館の古代エジプト展示コーナーでは、猫の姿をした神様の彫像も人気になっています。それが、エジプト神話の中でも重要なポジションにある**バステト神**です。日本でもよくキャラクター化されているので、知っている人も多いのではないでしょうか。バステトは「ラー（太陽神）の目」とも位置づけられていて、守り神としてあがめられてきました。

現代でも、町の中にいる猫たちはすごく大事にされています。

イスラム教でも猫を敬愛するように説かれていますが、エジプト人にとっての猫は、それとはちょっと意味が違う。

やっぱり〝母性の神〟というイメージが強い気がします。

だから**猫が悪いことをしていても、あっち行け！　とは言えず、人間のほうで我慢します。今も昔も猫に頭が上がらないのがエジプトの国民性です。**

エジプトのキリスト教「コプト教」ってなに？

宗教についてもお話ししておきましょう。

エジプトの国教はイスラム教で、**国民の約9割がイスラム教徒**です。

イスラム教は、イスラム勢力（イスラム帝国）がエジプトに進出してきた7世紀以降に広まりました。

そして**キリスト教徒は1割ほどです。**キリスト教は、イスラム教より古くからエジプトに伝わっていました。

あまり知られていないと思いますが、エジプトを中心に発展したコプト教（コプト正教会）というものもあります。カトリックやプロテスタントもいますが、実はエジプトのキリスト教徒の多くはコプト教を信仰しています。

コプト正教会の教えはキリストの弟子であるマルコの布教がベースになっているの

で、原始キリスト教の名残りが強いとも見られています。

少し紛らわしいのですが、「コプト」という言葉は古代のエジプト人の血を引くエジプト人という意味です。そのため、コプト＝コプト教徒ではなく、イスラム教を信仰しているコプトもいます。


欧米のキリスト教とコプト正教会の違いとしてわかりやすいのは、クリスマスやイースター（復活祭）の時期です。

コプト正教会では古い暦を使っているため、差が生じます。

コプト教徒がお祝いするクリスマスは1月7日です。

そのため、エジプトでは12月25日のクリスマスと1月7日のクリスマスのどちらもお祝いすることになります。クリスマスツリーは年越し後も飾っておきます。

ちなみに、イースターは西方教会と東方教会で日にちが違います。西方教会ではグレゴリオ暦、東方教会ではユリウス暦と使う暦が異なっているためです。どちらも春頃ですが、コプト教のイースターは東方教会と同じ日のようです。

また、欧米のキリスト教徒が断食をすることはほとんどなくなっているのに対して、

コプト教徒は今も断食をします。

といっても、ずっと何も食べないわけではなく、クリスマスやイースターの前に、肉や魚、乳製品などを口にしなくなります。

知られざるエジプト人の宗教観

キリスト教はパレスチナで生まれた宗教でありながら、現代では欧米を中心に信仰されるようになっています。

エジプトは、地中海を挟んでヨーロッパとつながっているといっても、ヨーロッパの中に位置するわけではありません。

国名も「エジプト・アラブ共和国（英語表記ではArab Republic of Egypt）」であるようにアラブの国になっています。

現在のアラブ世界をつくったのがイスラム教（イスラム帝国の拡大）だったので、多くのエジプト人がイスラム教徒であるのは自然なことです。

エジプト人としては、コプト教徒が信仰しているキリスト教にくらべて、イスラム教のほうが「ルールがシンプルでわかりやすい」という感覚もあります。

たとえばコプト教だと離婚ができないけど、イスラム教では離婚が認められる、といったことなどがそうです。

ただし、個人個人が自分の考えによって宗教を選んでいるのかというと、そうでもありません。親がイスラム教なら子もイスラム教、親がキリスト教なら子もキリスト教となる場合がほとんどです。

イスラム教徒とコプト教徒も結婚はできますが、その場合、親を説得するのが大変になります。

わたしの家でも、父がイスラム教徒で母がキリスト教徒だったので、母の父は、わたしの父を母の結婚相手としてなかなか認めようとしなかったと聞いています。

わたしが8歳のとき、母親から「自分はキリスト教徒なんだ」ということをはじめて伝えられました。

父と母の宗教がバラバラでも、とくに戸惑うことはありませんでした。

クリスマスにプレゼントをもらえるのはうれしかったし、イースターエッグをつくるのも好きでした。次の項目でお話ししますが、イスラム教のラマダン（断食月）に断食をしたあとのお祭りも楽しかったからです。

実は待ち遠しい!?
ラマダンの真実

「ラマダンの断食」をするのはイスラム教徒です。

ラマダンの約1か月間は、日の出ているあいだは何も食べなくなります。

でも、日が沈めば食事はでき、乳幼児などはそもそも断食をしないでも許されます。

ラマダンのときになると食べる定番料理もあります。エジプトでは小さい米形のパスタが入ったトマトスープ（リサーン・アスフールスープ）やミルクとデーツのジュース、ハイビスカスのジュースなどをみんなで断食明けに飲むのです。

それからエジプトには**クナーファという伝統的なお菓子**があり、ラマダンになると、町なかでたくさん売られます。

クナーファの生地を買って、家で焼いて食べる。それをするのもラマダンの期間中限定なので、子供にとってはうれしいことでした。

ラマダンが終われば、**祝いの大祭「イード・アル・フィトル」**が開かれます。最近は残念ながら簡素なものになってしまったのですが、イスラム教が始まった当時はラマダン自体よりもお祭りがポイントとされるほど、この大祭がメインイベントでした。

そうしたこともあり、子供にとってラマダンは楽しみな期間だともいえるほどだったのです。

公用語はアラビア語でも、英語やフランス語も使いこなす

エジプトの**公用語はアラビア語**です。

テレビのニュースなどではアラビア語が使われますが、外国語の教育に力を入れているため、英語を話せる人は多く、店名や商品名は英語のほうが目立つくらいです。

また、エジプトは観光立国なので、道路標識などはアラビア語と英語が併記されている場合がほとんどです。

観光地であれば、ホテルやお店で英語を使っても、通じることが多いはずです。

エジプト人同士で話すときでも、相手が友達であれば、アラビア語に英語をミックスしながら話す人が増えています。

また、フランス語を混ぜながら話をする人もいます。なんとも器用ですね。なぜフランス語なのかというと、オスマン帝国の支配者、ムハンマド・アリーの子孫たちが

使い始めて国内に広まったとも言われています。

無理をしているとか、気取っているとかいったことではなく、祖先に何かしらの関わりがある言語の伝統を守りたい、後世の子供たちに引き継ぎたいという思いが強いため、一言語にとどまらず意欲的に学ぶのです。


わたしの場合は、友達と話すときは英語を混ぜる場合が多い。フランス語も勉強したので、フランス語を混ぜられてもわかります。

夫と話をするときは日本語ですが、日本で生まれ育っている娘と話すときはアラビア語にしています。

わたしがエジプト人で、わたしの家族もエジプト人なので、娘にも家族とはちゃんとアラビア語で話してほしいからです。わたしが通訳者にならなくても、自分の気持ちなどはちゃんと自分の言葉で伝えてほしいと考えています。

もうひとつの理由として、日本でアラビア語を話せる女性がほとんどいないということもあります。**アラブ世界では、海外に出ていくのは男性に限られる時代が長かっ**

たからです。それで娘にはアラビア語を話せるようになってほしかったのです。娘は今、日本語とアラビア語、英語を話せるようになっているので、フランス語も勉強させるようにしています。

名前はモハメドであふれている

エジプトには、同じ名前の人がたくさんいます。日本には子供の名前をつけるときに字画を気にする文化があるようなので、それに似ているところもあります。

一言でいえば〝ラッキーな名前〟にしたいと考える親が多いのです。

エジプト人には男性名のモハメド（ムハンマド）が1400万人以上、アフマドが約600万人、マハムードが約400万人いる、という統計が発表されたこともある

ようです。（Youm7, 2020年1月17日）

これらの名前はすべて預言者ムハンマドからきています。アフマドやマハムードはムハンマドの別名のようなものです。

イスラム教では、モハメドという名の子供がいれば、家族みんなが天国に行けるという考え方があるので、自然にモハメドという名前が増えます。

また、子供には、自分と同じ名前や、自分の親の名前、世話になった人の名前をつけることも多いので、やはり同じ名前が多くなりやすい。

そのため、社会で生活しているうえでは区別しづらいので、**日常的にはニックネームを名前のように使うことが認められます。**

会社でもそうです。本名を表に出さず、自分が好きに選択したニックネームでやっていくことが許されるのは**個人が尊重されている証《あか》し**なのかもしれません。

俳優やサッカー選手も、本名ではなくニックネームをそのまま使うことがあります。世界的なスターであるモハメド・サラーをはじめサッカー代表チームにはモハメドやマハムードが多いのですが、ジゾやトレゼゲ（マハムード・トレゼゲ）はニックネームです。

ブラジルも事情は似ているようで、サッカー選手のペレやジーコ、ロナウジーニョといった名前はすべてニックネームです。

女性の名前は男性ほどはかぶりませんが、マリアやヘバ、モナ、アヤなどが多い印象です。ヘバには〝ナイルの恵み〟という意味があります。

女性のニックネームとしてはフィフィが人気です。日本で活躍しているエジプト出身のタレントであるフィフィさんもニックネームを芸名にされています。

ムハンマドという名前だと、世界中どこへ行ってもイスラム教徒だとわかるので、面倒を嫌って名前を変える人もいます。

ただし、映画『アラビアのロレンス』のアリ首長役などで、世界的に有名なエジプト人俳優のオマー・シャリフは逆のパターンです。本名はミシェルだったのに、それではヨーロッパ人みたいなので、アラビア人らしい名前のオマー（オマル）にしたようです。

エジプトには外資系の会社もたくさん入ってきています。トヨタ自動車や住友商事など、日本企業も少なくありません。

そのため、エジプト人と外国人が一緒に働いている会社も珍しくはなくなっています。そういうところでもやはりニックネームで通しているケースは多いものです。みんな本名だとややこしいためなのか、たいていの会社ではそれが許されています。

隣人が全員外国人!? エジプトに来る人、出て行く人

今のエジプトにはいろいろな国の人たちがいます。

カイロでアパートを借りれば、お隣はスーダン人で、上の階には中国人が住んでいる、といった状況になることもあります。

日本の人ならエジプト人とスーダン人の区別をつけにくいと思いますが、わたした

ちでもわからないときがあります。隣国でもあり、エジプトに住むスーダン人は多くなっていて、暮らしの中に溶け込んでいるからです。

最近は中国人も増えました。少し前まではチャイナタウンに暮らす人に限られている感じだったのに、今は町なかでも中国人をよく見かけるようになりました。観光で来ているのではなく、ビジネスをするために、この国に住んでいるのだと思います。

エジプトは以前から外国の人たちに広く門戸を開いて、ウェルカムな状態をつくっていました。エジプトに来て、家を買って暮らすのなら、エジプトの国籍をあげるよ、というのが基本的なスタンスです。

その一方で、エジプトから出て行くエジプト人もいます。

アラブ世界全体で2010年に起きた民主化運動の「アラブの春」（エジプトでは「エジプト革命」）によってムバーラク政権が崩壊した混乱の中では、イスラム過激派のテロもあったので、エジプトを去るキリスト教徒やユダヤ人が増えました。そのことも現在のエジプトにキリスト教徒が少ない理由のひとつになっています。

政治的、宗教的なこととは関係なく、エジプトでの暮らしが厳しくなって、ギリシャやイタリアなどでやり直そうとした人たちもいたようです。

国内のビジネスで成功した人たちは、あまりヨーロッパには行かず、ドバイやカタールなどアラブ世界でビジネス展開する場合が多かったといえます。ただ、最近になってそれも変わってきました。高い教育を受けている人たちを中心にヨーロッパやアメリカに出て行くことも増えてきたのです。

ギリシャ系、アフリカ系など ルーツが多様なエジプト人

エジプト人と一言でいってもルーツはさまざまです。

先祖の代からずっとエジプトに住んでいた人たちは、自分たちこそが本物のエジプト人だというプライドをもっています。

わたしの父方の祖父などもそのタイプです。

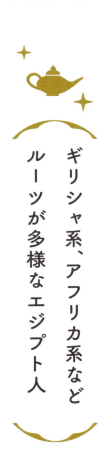

ただ、ずっとエジプトに住んでいるといっても、遡《さかのぼ》ればそれぞれルーツは分かれます。

わたしは自分のDNAを調べたことがあるのですが、プトレマイオス朝（紀元前305年〜紀元前30年）の時代にルーツがあることがわかりました。**プトレマイオス朝というと、最後の女王が有名なクレオパトラと同じルーツ**です。

諸説ありますが、クレオパトラは、アレクサンドリアで生まれたエジプト人であり、血筋としてはギリシャ系になります。顔立ちもギリシャ系になりますが、このルーツであれば〝古代エジプト人の直系〟という見方がされます。

ちなみにクレオパトラは、今でもすごく人気があります。

アメリカで、アフリカ系の女優を起用した『アフリカン・クイーンズ：クレオパトラ』というドラマがつくられたときには、エジプトではブーイングが起きました。実際のクレオパトラがアフリカ系ではなかったからでもありますが、「わたしたちのクレオパトラを盗んで、勝手につくりかえないで」という気持ちが強かったからです。

アスワンより南は**ヌビア地方**と呼ばれます。

現在、ヌビアの北側はエジプトで、南側はスーダンになります。

この地域の人たちは肌が黒く、見た目は北側のエジプト人よりもアフリカ系に近いことが多いようです。でも、ヌビアは古代エジプトの王朝があった地域なので、「古くからのエジプト人」という見方がされます。

アスワンより少し北に位置する**ルクソール**の人たちの肌も北側のエジプト人よりは黒く、ブラウンに近くなっています。

ルクソールはエジプトの古代都市テーベがあった地域であり、こちらもやはり古代エジプト人の直系となります。


シリアやイラン、トルコなどにルーツがある人たちは、イスラム帝国時代かオスマン帝国時代にエジプトに来ていると考えられます。

イスラム帝国時代なら8世紀頃になるので、すでにかなりの時間が経っています。

それでもエジプトの歴史からいえば、比較的モダンと見られます。


2000年前からエジプトに住んでいるなら古代エジプト人の直系ですが、1000年前くらいにエジプトに入ってきたなら、ルーツが違うと見られやすい。

ルーツによって特権意識が生まれることはなく、差別意識が生まれることもないのはもちろんです。それでもやはり、古代エジプト人の直系に当たる人たちはそれを誇りにしているところがあります。

だからといって、見た目だけではルーツがわからないので、自分からルーツを話しだす人も少なくありません。

南側の人たちは、のんびりマイペース

見た目の違いだけでなく、住んでいる地域によるキャラクターの違い、食生活などの習慣の違いはあります。

カイロとアレクサンドリアなど、北側だけでくらべても地域差はありますが、やはり大きいのは北と南の違いです。

気候の違いの影響もあるのかもしれません。エジプトの南側は本当に暑いので、それが性格形成にもつながっているところがある気はします。**どちらかというと、南の人のほうがやさしくて、のんびりした感じでしょうか。**

多くの人がいだくアフリカ的なイメージがあてはめやすい気はします。とにかくマイペースで、もっといい暮らしができるようになりたいなどとは、あまり考えない印象です。

言語にも違いがあります。

エジプトの南部では**ヌビア語**が使われ、アラビア語とはまったく違うアフリカンランゲージになっています。

北側にはヌビア語がわからない人が多いので、テレビでヌビア語の歌などが放送される際には字幕がつけられます。

一方で、ふだんはヌビア語を使っている南の人たちはアラビア語もわかります。ただし、南の人たちが話すアラビア語は訛《なま》りが強い。そのため、北側の人間では、聞いてもわからない部分が出てきます。

世界屈指の実力、エジプトの人気スポーツ「スカッシュ」

エジプトで人気のスポーツとしてまず挙げられるのはやはり**サッカー**です。地中海周辺の国でも、アラブ諸国でも、アフリカでも、サッカーは共通言語のようになっているので、みんながやります。

一方、日本ではあまり知られていないと思いますが、実は世界的に見てエジプトが強いのは**スカッシュ**というスポーツです。

スカッシュはイギリス発祥のスポーツながら、エジプト人にとっては国民的スポーツになっています。簡単に言うと、室内でプレーするテニスみたいなスポーツで、1対1で壁に向かって交互にラリーをします。

昔から力を入れていましたが、ここ数年はずっと世界でいちばん強い国になっています。**世界ランキングの上位はほとんどエジプト人で占めているほど圧倒的です。**

2028年に開催予定のロサンゼルスオリンピックでは競技として採用されました。エジプトのメダル独占もあり得るかもしれません。

それからスカッシュと同じくイギリス発祥のスポーツである**クリケットも人気**です。イギリスやオーストラリア、インドやパキスタンなどの南アジア、そしてアフリカで特にさかんです。

クリケットもロサンゼルスオリンピックの競技になることが決まりました。なんと128年ぶりのことだそうです。

専門店もあるエジプトのソウルフード「コシャリ」

食べものについても簡単にまとめておきます。

エジプトを代表する料理としてはコシャリとケバブ、クナーファが挙げられます。

「コシャリ」はエジプトの国民食です。

米とマカロニとスパゲッティなどのパスタ、レンズ豆とひよこ豆を混ぜ合わせて、トマトソースをかけたものです。

ナポレオンが気に入って、「なんという料理なのか?」と聞いてきたとき、とくに名前もなかったので、通訳の人が「クシュデュリ(ごはんの層)」と答えたのが名前の由来だという説もあります。

コプトの断食中は動物由来のものは食べられないので、お腹を満足させるためにこの料理が考えられたとも言われています。レンズ豆とひよこ豆は消化に時間がかかるので、腹持ちがいいのが良かったのかもしれません。

今は、断食中かどうかとは関係なく、裕福な人でも貧しい人でもみんながいつでも食べる料理になりました。

エジプトにはコシャリの専門店もあり、お店によって味が違うので、人によってひいきのお店があったりします。コシャリを食べたあと、口直しにプリンを食べたりもします。

日本にはじめてコシャリの専門店ができたときに夫と一緒に食べに行き、アラビア語のYouTubeチャンネルで紹介したら、その動画がエジプトでも日本でもバズりました。

「ケバブ」と「モロヘイヤスープ」も代表食

「ケバブ」は、実は日本人が考えるケバブとはまったく違う料理です。日本の屋台などでよく売られているのは、トルコ料理の「ドネルケバブ」（ドネルは回転という意味）というものです。

ケバブは肉などをローストした料理の総称で、中東で広く食べられています。

エジプトでは串《くし》に肉と野菜を刺して食べることが多いので、日本でいうバーベキューみたいな感じですね。

日本で売られているケバブは牛肉か鶏肉《とり》がほとんどですが、エジプトのケバブでは主にラム（羊肉）を使います。ラクダや鹿を使うこともあります。

ラムは日常的に食べるものではなく、お祭りなど特別なときに食べます。わたしの夫も大好きなように日本人にもエジプトのケバブは人気です。


ニンニクをきかせた「モロヘイヤスープ」もエジプトの代表的な料理です。

レストランに行けば、ケバブとモロヘイヤスープ、それに**「エイシ」というパン（エジプト人の主食）**でひとつのセットのようになります。

モロヘイヤスープにはうさぎを入れることもあります。ちょっとぎょっとするかもしれませんが、うさぎはチキンに似た感じで、日本人もおいしいと言って食べています。


前述した「クナーファ」もエジプトで人気のあるスイーツです。

クナーファとは正確にいえば、小麦粉を麺《めん》のようにした生地の名前です。

少しだけオーブンで焼いて、ナッツとシロップをかけて食べるのが一般的ですが、最近は、いろいろな食べ方が出てきました。チーズやチョコレートが入っていたり、エビと一緒に天ぷらにしたようなものもあります。

生地そのものには味がついていないのでアレンジしやすいのです。

クナーファは昔から人気があり、中東やトルコなどにも広がっていきました。

激臭料理「フィスィーフ」にご用心

ほかにもいろんな料理があります。

たとえば「マハシ」は家庭料理を代表するものです。

ピーマンかパプリカの中にハーブを入れた炊き込みごはんを詰めたものです。

ぶどうの葉っぱを巻いて食べることもあります。日本で桜の葉っぱを食べるのと似たような感じです。

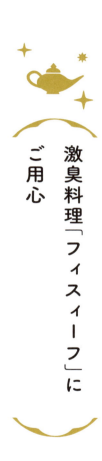

朝食としてよく食べるのが、そら豆を煮込んだ「フール」です。

潰《つぶ》してペースト状にしながら**「アエーシ」という薄いパン**ですくって食べます。

町なかの屋台でも売られているし、ホテルなどでも出されます。

わたしは毎朝食べたいくらいだけど、はじめての人が食べすぎるとお腹をこわすかもしれません（笑）。栄養価が高く、あまり消化がよくないからです。

でも、一度は食べてほしいと思います。

エジプト人はフールに誇りをもっていて、「ピラミッドをつくった人たちもフールを食べていたから力があった」と考えられているくらいです。

朝食としては、**そら豆のコロッケの「ターメイヤ」**もよく食べます。

「ムサカ」はナスとひき肉をトマトで煮込んだ料理です。

ギリシャ料理のように言われることもありますが、エジプトではプトレマイオス朝の頃から食べられていました。

エジプトとギリシャ、両方の国の伝統的な料理で、ルーツはエジプトにあると考えられています。トルコでも食べられるようになっています。

ニシンの燻製《くんせい》の**「レンガ」**は日本のテレビで紹介されたことがあり、好きな日本人もいるようです。

ボラの塩漬けを発酵させた**「フィスィーフ」**は、古代エジプトからあったとされる、春の訪れを祝う「シャンム・ナシーム」という休日に食べます。だけど……、フィスィーフはとにかく臭い！　苦手なエジプト人も実は多いのです。

日本人に紹介したい エジプトチーズ3選

残念なことに日本ではほとんど売られていないのですが、エジプトチーズもすごくおいしい！

有名なエジプトチーズは3種類あります。

ひとつは「ゲブナ・ベイダ（ホワイトチーズ）」。

ギリシャのフェタチーズ（羊の乳と山羊《やぎ》の乳のチーズ）に近いけど、ちょっと違います。軽い感じで、朝食のつけあわせに向いています。

黄色いのは「ルミチーズ」です。

オランダのエダムチーズに似ていながらも、味はちょっとしょっぱい。ホットサンドにして食べると、すごく合います。

クリームチーズは「ラブナチーズ」です。

こちらはグリークヨーグルトに近い感じです。

ほかに、発酵が進み、トマトのような酸味のある「メッシュ」というものもあります。

匂いが強くて、クセがかなり強い。エジプト人でもみんなが好きなわけではありません。生で食べる人もいますが、新鮮かどうかは気をつける必要があります。

例外的に日本でも売られているエジプトチーズとしては、山羊のミルクからつくられる「ハルミチーズ」があります。こちらもやっぱり少しクセがありますが、お酒には合うと思います。揚げてもおいしいですよ。

チーズではないのですが、料理に使えるものとして、ゴマのペーストに煮つめたサトウキビを少し入れた「アサルベタヒナ」もおすすめです。

アサルはハチミツという意味で、タヒナはゴマのペーストのこと。

すごくおいしくて、日本人に紹介すると、みんな和のスイーツだと勘違いします。

チーズ以外にも、日本ではあまり知られていない、エジプトならではのパンもいろいろあります。先ほど紹介したフールと一緒に食べるアエーシや、クラッカーに近い「**グリッシーニ**」などが代表的です。グリッシーニはチーズにもアサルベタヒナにも合うので、朝食としてよく食べられます。

レストランにお酒は基本的にない

イスラム教では基本的に飲酒が禁止されているので、サウジアラビアのような「禁酒国」や、パキスタンやバングラデシュのように「イスラム教徒の飲酒を禁止する国」があります。

そんな中でもエジプトは、**どちらかというと飲酒にはうるさくない**といえます。

だからといって、イスラム教徒が公にお酒を飲むことはなく、食事と一緒にお酒を楽しむ習慣もありません。

そのため、**エジプト人が日常的に利用しているレストランにお酒は基本的に置いていません。**ただし、観光客向けのレストランやホテル内のレストランなどではお酒を置いているところもあります。

バーや居酒屋のようなお店もありますし、そういうお店はエジプト人も利用します。

バーなどは店内が暗く、お店の外からはお酒を飲んでいる様子が見えなくなっているのが特徴です。決して危ないお店というわけではありません。

エジプト人でも家でお酒を飲むことはありますが、毎日飲むような人はあまりいないと思います。飲むのはお祝いのときなどに限っている人が多いはずです。

特産のお酒としては**エジプトワイン**が有名で、お土産にもされます。

ビールの歴史はとても古く、**メソポタミア（現在のイラク）かエジプトがビールの発祥の地だとも考えられています。**

ピラミッド建設の際には労働者にもビールがふるまわれていたようです。

今でも有名なビールメーカーがあります。STELLA（ステラ）とSAKARA（サッカラ）がそうです。

お酒が目的でエジプトに来られる人はまずいないかなと思いますが……。

エジプトがどんな国かを知ってもらったうえで観光に来てもらい、食文化も楽しんでもらえたならうれしいです。

COLUMN 1

幼かった頃に経験した「湾岸戦争」

わたしが生まれたのはエジプトではなく、クウェートです。

父はエジプト人ですが、クウェートで仕事をしていたときに、クウェート生まれの母と出会って結婚して、わたしが生まれたのです。

わたしがまだ1歳だった1990年にイラクがクウェートに侵攻してきました。フセイン大統領のもとで軍事国家となっていたイラクは一日でクウェートを占領してしまいました。これに対してアメリカをはじめとする多国籍軍がイラクを攻撃し、クウェートを解放したのが「湾岸戦争」です。

このときエジプトも多国籍軍に参加しています。

幼かったわたしにはまったく記憶がないのですが、イラク軍が攻めてきたとき、すぐにわたしたち家族はクウェートを出ることにしました。

わたしの母がイラク国籍だったこともあり（現在はエジプト国籍）、クウェートに残っていれば問題があるかもしれないと判断したからです。

父だけがクウェートで仕事をするために残り、母とわたしと生まれたばかりの妹、そして母方の祖父と祖母の5人で、イラクとイランの国境あたりをぐるぐる回るように移動を続けていました。

その頃の記憶はほとんどありません。

あとから祖父や祖母の話を聞いて当時の暮らしを知り、父が撮っていたビデオを観て戦争の様子を知った感じです。


クウェートでの戦闘が落ち着いたあと、父がわたしたちを捜しに来てくれました。

携帯電話などもなかった時代です。父の苦労も相当なものだったはずです。

行く先々で、わたしたちの写真を人に見せ、「彼女たちを見ていないか？」と聞いて回っていたそうです。

「見てない」、「知らない」という返事ばかりを聞かされて、父もさすがに、わたしたちはもう生きていないのではないかとあきらめかけたといいます。

人に聞くのは最後にしようと決めて、ガソリンスタンドの人に「知らないか？」と尋ねたときに「近くに住んでいるよ」と教えられたというからまるでドラマのような話ですね。

そのとき、わたしたちは農場のようなところで隠れるように生活していましたが、父と合流できたため、エジプトに行きました。

その段階でわたしは4歳になっていたので、そこから先の記憶はあります。

生まれた場所はクウェートでしたが、わたしはエジプト人であることを誇りに感じています。

わたしの母にしても、もともとイラク国籍だったとはいえ、ルーツからいっても古代アッシリア人と古代エジプト人の直系になります。

フルガダでの生活と、カイロで受けたカルチャーショック

エジプトに戻ったあとはフルガダという紅海沿岸にある南の町で暮らしていました。リゾート地になる前のフルガダです。

家から一歩出ると砂漠で、道もなかった。町の中にまったく道がなかったわけではありませんが、家の近くでもラクダがテクテク普通に歩いていました。

あたり一面が砂漠で、道も石畳のような感じだったので、フルガダの人の車はジープのようなタイプがほとんどでした。

紅海があるので船はありましたが、電車はありません。

水道やガスも通っていなかったので、水はタンクに貯めて使い、ガスはボンベのような

ものを買っていました。

現在のフルガダからは考えられない状況ですが、当時はそうだったのです。

だから、わたしがカイロの大学に入った頃、フルガダの出身だと話すと、「あんなところに人が住んでいるの!?」と驚かれることが多かったくらいです。

何年かフルガダで暮らしているうちにクウェートから人が訪ねてきて、「迷惑をかけたから」ということでクウェート政府から補償金をもらえることになりました。

カイロに家を買うことができるほどの大金だったので、家族みんなが驚きました。そのときには「クウェートっていい国なんだな。豊かなんだな」と思ったものです。

カイロで暮らし始めたのは大学に入ってからです。

カイロではカルチャーショックを受けました。

フルガダも含めてナイル川上流は現地ではサイーディ地方とも呼ばれ、古代エジプトとのつながりが深い人たちが暮らしています。

でも、カイロにはとにかくいろんな人たちが集まっています。

考え方や風習もバラバラなところがあるので、最初のうちは「この人たち、本当にエジプト人なのか？　大丈夫なのか!?」と心配になったくらいでした。

それがまた、いかにもエジプトらしいところだともいえるのですけどね。

第2章

残業や飲み会もなし
とことん無理しない生き方

生き方もファッションも「ありのまま」

エジプトにはいろいろなタイプの人がいます。ルーツの違い、生まれ育った地域の違いもあるうえに、一人ひとりのキャラクターもずいぶん違います。個性が尊重されるので、**みんなが〝ありのままの自分でいること〟が特徴**になっています。

ファッションもそうです。地方に行けば、年配の人たちなどは民族衣装を着ていることが多いですが、都市部の若い人たちはそうではありません。個人個人が思い思いのファッションを楽しむようになっています。

「はじめに」でも触れたように女性のヒジャブ（ヘッドスカーフ）もずいぶん減りました。ヒジャブを強要するイスラム教の国（政権）もありますが、今のエジプトではそんなことはありません。

１９７０年代からヒジャブを着けている女性が増えていき、２０００年あたりがピークになっていました。しかし、２０１１年に民主化運動のアラブの春が起きてからはどんどん減っていきました。

ピークの頃でいえば、10人中8人か9人くらいは着けている感じだったのに、今のニューカイロなら、**ヒジャブを着けている女性はたまに見かけるくらい**になっています。地方のほうに行けばそれより増えるにしても、都市部ではそんなレベルです。

会社やお店などでも制服があるところは少ないので、ファッションの自由度はかなり高いといえます。

「予定」よりも「仕上がりのクオリティ」が大事！

エジプト人は時間にルーズだとも見られがちだけど、ルーズというのとはちょっと違います。

たとえば建物などをつくろうとしたとき、完成時期の目標は立てていても、それが絶対だとは考えません。エジプトでは新しいビルを建てようとしたときに遺跡が出てきて中断することがあります。そうした問題は常に起こり得るものだと理解していることも関係していると思います。

何があっても予定どおりに完成させようとはしないで仕上がりを優先させる。トラブルなどで予定日に間に合わなくなることは許容する文化があるのです。

国家的なプロジェクトとしてつくられた**「大エジプト博物館」**にしても、オープンは最初の予定にくらべてずいぶん遅れています。**2013年のオープン予定でしたが11年も遅れ、2024年になってもプレオープン状態**で、グランドオープンはまだです。

コロナの感染拡大の影響もありましたが、理由はそれだけではありません。

たとえば、ホログラムでツタンカーメンが持っていたものを再現して紹介する際も、「この部分は何色にすべきか」といったことで研究者同士が意見を交わし合うようになると、そのたび作業を中断させます。

間違った歴史を伝えられないという意識が強いので、細かい部分まですべて検証に検証が重ねられます。

自分たちの文化についてはすごく細かくて、アバウトにすることはあり得ない。

そのために予定に間に合わなくなることは仕方がないと考えます。

ファラオの死にピラミッドが間に合わない事件

古代のピラミッドにしても、ものすごく時間がかかる建造物であり、いつ完成するかは予想しにくかったはずです。

ファラオの墓なのに、ファラオがいつ亡くなるかはわからない。

そのため、ファラオが即位すれば、それと同時にピラミッドをつくりはじめていた

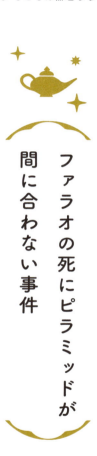

のではないかと考えられています。

それでも、どこかを妥協して完成させるようなことがなかったので**ファラオの死に間に合わなかったケース**もあったと見られています。

有名なクフ王のピラミッドにしても、ピラミッドの完成とクフ王が亡くなったのはほとんど同時になったと言われています。ピラミッドの完成がもう少し遅れていたら、クフ王のミイラは別の場所で完成を待つことになっていた可能性もあったのです。

そうしたこととも関係があるのか、ピラミッドがさかんにつくられていたのは古王国時代までのことです。最も偉大なファラオといわれる新王国時代の**ラムセス二世**は多くの神殿やオベリスク（四角柱のモニュメント）を建てていますが、この時代になると豪勢なピラミッドは多くはつくられなくなっていました。

ラムセス二世や**ツタンカーメン**の墓地は、ルクソールの岩窟《がんくつ》墓群である**「王家の谷」**にあったのです。

8時集合なら わざと8時には行かない

時間の話に戻ると、「エジプト人は約束の時間を守らない」という言い方をされることがあります。

ルーズということではなく、習慣の違いです。

日本で8時集合というと、だいたい10〜15分前くらいには到着していて、8時には予定していたことを始める感じになることが多いと思います。7時半に来ている人がいてもおかしくはないのでしょう。エジプトではそういうことはしません。

8時集合であれば、8時から8時半のあいだくらいに到着するイメージです。

8時より早く行くのはむしろNG！

8時集合であれば、「8時より早くは来ないでほしい」、「8時より早く行ったら失礼になる」という感覚があります。

プライベートの約束だけでなく、会社もそんな感じで出社します。

8時始業となっていても、8時過ぎに出社する。

その後、みんなが集まって朝ごはんを食べてから仕事を始める会社も少なくありません。8時始業のはずでも実際に仕事を始めるのは10時頃になることもあります。

お店のオープンも似た面があります。

開店時間を決めていても、その時間に開いてないことがあってもおかしくはありません。デパートに入っているお店なら、デパートの開店時間に合わせて開店はします。ただし、とりあえずお店は開けたけど、まだ準備をしているといったことはよくあります。倉庫から届いた荷物をこれから並べる状態のときも珍しくありません。客側としても、早く来すぎたからしょうがないか、という感覚です。

わたしがもし待ち合わせ時間より早く着きそうになったら、待ち合わせ場所には行かず、近くの場所で別のことをしています。そして、待ち合わせ時間を過ぎてから、着いたばかりというフリをしてそこへ行きます。

時間より早くそこに行けば、相手が気にしてしまうかもしれないので、それを避けたい意味もあります。

8時待ち合わせなら、8時5分か10分くらいに行くのがエジプトのマナーとしてベストかもしれないですね。

定められた時間より早く行くと、運が悪くなるというイメージもあります。

家族を大切にするから残業はしない

退社時間はどうかといえば、それについては規定どおりです。

朝の8時から夕方6時までが勤務時間ということなら、終業時間に合わせて6時に会社を出ます。

定時を過ぎても会社に残っていることはまずありません。

約束した時間だけ働けば義務を果たすことになるという感覚が強く、そのあとは**家族と過ごす時間**と考えます。

エジプト人は昔から、家族や親戚《しんせき》をすごく大切にします。

わたしも、幼かった頃からたくさんの親戚を紹介されてきました。叔母《おば》さんの旦那《だんな》さんの叔母さんみたいな感じで、この人って誰だっけ？　となることもありましたが、そういう人たちとそれっきりになることはほとんどありません。

遠い親戚との関係もずっと続いて、みんなと仲良くします。

「家」で括《くく》られる小さな単位の家族だけでなく〝大きな括りでの家族〟を大切にする。

エジプトではそれが当たり前になっています

会社の飲み会もない

会社の人たちと一緒にお酒を飲みに行くようなことはまずありません。

そもそも外で大っぴらにお酒を飲むことはしないので、日本でいう飲み会のようなものはないわけです。

あるとすれば、クリスマスパーティのようなものだけです。エジプト人の大半はイスラム教徒ですが、厳格な人以外、基本は多くの人がクリスマスを祝います。

その場合、仕事が終わってからやるのではなく、勤務時間の範囲内で行います。

会社が6時までだとすれば、4時まで仕事をして、4時から2時間、会社でパーティを行う感じです。

日本でも、先輩にお酒に誘われたときに「勤務時間外なので、付き合う義務はない」と考える若い人たちが増えているようですね。

エジプトでは最初からその部分の線引きがしっかりなされているわけです。

プライベートの時間には干渉せず、時間を奪おうとはしない、ということ。

ちなみに、規模の大きなクリスマスパーティを開催するなら社員の家族も招待します。

わたしも子供の頃に、父の仕事の関係のパーティに母や妹と一緒に行ったことがあります。同じ会社で働いている人たちとは、家族ぐるみで仲良くするのがエジプトスタイルです。

エジプト人の特性を表す
無敵ワード、「インシャラー」

「インシャラー（インシャーアッラー）」という言葉があります。

日本ではかなりの量の仕事をするようにとオーダーされたときには「わかりました。なんとかします」と答える人が多いような気がします。

エジプト人はというと、そういうときは「インシャラー」と返します。

「もし神が望むなら」という意味の言葉です。

シンプルに解釈すれば〝神様が望めばできますが、神様が望まなければできない〟

ということになります。

外国の人たちはこの言葉をエジプト人（アラブ人）の怠惰さ、ルーズさを示すものだと考えがちなようだけど、ちょっと違います。

無理はしないというだけで**〝今日できるようだったらやります〟**というニュアンスが含まれています。

最初からやらないと言っているわけではなく、あきらめているわけでもない。

仕事の時間は決まっているので、その範囲内でやってみます、ということ。

それがエジプト人の基本スタンスであり、メンタリティです。

「これやって」と頼んだときに「インシャラー」と返されたとしても、それを怒るエジプト人はいません。

こんな感じで、基本姿勢として残業はまずやらないようにしているわけですが、絶対に残業しないのかといえば、そうではありません。

その日のうちに必ずやっておかなければならないことがあって会社が困っていたりすれば、残って仕事をすることはあります。無責任すぎるわけではないのです。

仕事や会社選びの基準は自分にフィットするか

エジプトで会社を決める際には、仕事内容よりも〝自分に合っているか〟を重視する人が多いのではないかという気がします。

働く時間帯だったり、会社の雰囲気だったり、ドレスコードだったり……、そういう部分の問題です。

どんな人たちが働いているのかといったことも含めて、自分に合っていると思えば、仕事内容にはそれほどこだわりません。

仕事内容が自分に向いていたとしても、会社が自分に合わないと感じたなら、その会社は選ばない。そういう人が多いのではないかと思います。

わたしの場合、大学では建築を学びました。

建築への興味が特別強かったわけではありません。もともと地方のフルガダに住んでいたので、地方では簡単に就けないような仕事としてはどんなものがあるだろうかと考えたのです。建築はエジプトの歴史とも縁が深く、歴史は得意だったので、そこにつながりを感じた部分もありました。

ちょっと話が逸《そ》れますが、エジプトでは一般的に、日本と同じく大学は私立より国立のほうがランクが高いと見られます。

入学できるかは成績次第ですが、**スコアは非常にシビア**で、高い正解率が必要になります。ちなみに、わたしが当時受験した建築学科では95％くらいの正解率が必要でした。どの学科であっても、今でも高いスコアが求められているようです。

国公立大学は、カイロ大学、アイン・シャムス大学、ヘルワン大学の順で難しく、それぞれの差はかなり小さい。そういう中でわたしはヘルワン大学に入りました。

建築の勉強を始めてまもなく、「あまり自分には向いてないかな、語学のほうが合っていたかな」とも感じましたが、そのまま勉強を続けました。

建築の仕事に就くにはライセンスも必要になります。それも取れていたので、卒業までに就職は決まりました。

ちょうど日本語の勉強を始めたばかりのタイミングだったので、勤務時間があまり縛られていない**フレキシブルタイムの会社**を選びました。仕事中の服装がほとんど自由でカジュアルなものでもOKだったこと、日常的に英語が使われている職場だったことも会社を決めるポイントになっていました。まずは経験を積みたいということで、仕事内容そのものにはそれほどこだわらなかった感じです。

エジプトの大学は9月卒業なので、そのまま就職しましたが、年が明けてすぐにアラブの春が始まりました。激しいデモもあったことから、あまり出勤が求められなくなり、しばらくしてから別の建築関係の会社に転職しました。

したたかに社会で活躍するエジプトの女性たち

イスラム教では女性が不当な差別を受けていて、社会進出が難しいのではないかというイメージがあるかもしれません。

それも国によります。

エジプトでは、女性も男性と変わらない教育が受けられるようになっていて、会社ではマネージャー職に就く女性も増えています。

勉強熱心な女性が多いので、日本とくらべてもマネージャー職に就いている女性は多いのではないかと思います。

政治の世界でもそうです。

２０２０年秋のエジプト下院（代議員）選挙では過去最多となる１４８人の女性議員が当選しました。

議会全体でも4分の1以上を女性が占めています。

そもそも**エジプトの女性は〝強い〟**といえます。

自立できるようになりたいので、自らの意思でしっかりと勉強します。

そうした意識をもたずにお嬢様ぶった感じでいれば、周りの人からはバカにされかねない。そういう国民性があるのです。

それからセクハラも少ないといえます。

2011年にアラブの春が起き、2014年にアッ＝シーシー政権となってからは**セクハラの厳罰化**が進められました。

わたしにしても、会社などで不当な扱いを受けたという経験はなく、生活しづらい、生きづらいといった感覚をもったこともありません。

苦手なことは無理にやらず、できる人に任せちゃう

エジプト人には、自分がやれることだけをやって、**苦手なことや面倒に感じることは得意な人に任せようという「デリゲーション」の文化があります。**デリゲーションとは「委任」という意味です。

仕事だけではなく、家のことでもそうです。日々の掃除や炊事、買い物や車の運転といったことなども含まれます。

何を依頼するかはその人次第で、自分がやるより頼んだほうがいいと思えばそうします。

そのため、エジプトの会社には**お手伝いをする人**（多くは若い男性）を雇っているところが少なくありません。

日本の会社にもお茶くみや雑用などを行うパートの人がいる場合もあるようですが、お願いできることはそれより幅広く、掃除や買い出しなども頼めます。

アパートでは、**「バワーブ」**と呼ばれる受付か管理人のような人たちが住み込んでいる場合が多くなります。

住民が留守のときに郵便を受け取っておいてくれることなどが主な役割だけど、人によっては、買い物や掃除、ゴミ回収、壊れた家具や電化製品の修理などもやってくれます。なんでも屋ですね。

基本は給料制なのですが、何かを頼めばチップを渡す場合が多いものです。ごはんを多めにつくったときにおすそ分けすることもあります。

そういう関係性があるので、何かを頼んだときにイヤな顔をされることはほとんどありません。

バワーブの側も、チップが欲しくて、「もっとやってほしいことはないか」とリクエストしてくる人もいます。

家政婦や運転手がいる家も珍しくはない

日本でいう家政婦に近いサーバント（使用人という意味）やダーダと呼ばれる人もいます。ダーダは古代エジプト語でおばあちゃんという意味があり、子供の面倒をみてくれる人を指します。ベビーシッターに近いです。

住み込みの家政婦は、結婚していないことが多いので、家族の一員のようになっていることもあります。どの家庭にも家政婦がいるわけではありませんが、**とくに裕福なわけではなくても家政婦がいる家もあります。**

わたしの実家では、家政婦はいないのですが、**運転手と庭師**がいます。日本でそのことを話すと驚かれることが多いけど、わたしの実家もそんなにお金持ちではありません。

働いているとごはんをつくる時間がないなら、ごはんをつくってくれる人を頼んで、運転できる人がいなければ運転手を雇う感じ。

自分がやれば時間がかかってしまうようなことは人に頼めばいいという分業ができています。**分業、助け合いの文化**があるため、運転免許はべつにとらなくてもいい、ということにもなってきます。

みんながなんでもできるようになる必要はないという考え方があるのです。

日本は広く浅く。エジプトは狭く深く

わたしの勝手なイメージかもしれませんが、日本人は、できないことをつくりたくないようになんでも自分でやろうとしているように見えます。

習いごとやスポーツなどでもそうですね。

ピアノ、テニス、野球、水泳、料理、家のメンテナンス……。学校で習うことも多いので、ひととおりのことはやれる場合が多い。

だから、日本人を見ていると、「なんでもできる天才なの!?」と驚かされることがあります。

でも、しばらくすると、そういうわけではないんだな、と気がつきます。

多くの人がやれるのは学校で習うレベルの基本に限られるということがわかってくるからです。ちょっとがっかりするところはあるけど、批判的に見ているわけではあ

りません。どうしてかといえば、エジプトではそんなに、いろいろなことの基本を学ぶ習慣はないからです。

自分がやりたいことを見つければ、自分なりに追求していきますが、なんでもかんでも学ぼうとはしない。

個人の興味に合わせて、身につける知識や技術を絞っていく人が多いのです。

日本人は、はじめてエジプト人に会うと、「どうやってピラミッドをつくったんですか？」と聞いてきたりします。エジプト人なら知っているはずだと思い込んでいるのでしょう。当たり前のことながら、そんなことはありません。

特定の分野に詳しい人は多くても、あらゆる分野に精通している人はあまりいないのです。

日本人に多いのが「広く浅く」だとすれば、エジプト人は「狭く深く」です。

たとえばわたしは、語学でいえば、英語と日本語のほかにフランス語も学んでいます。その意味では広いことになるのかもしれませんが、それぞれを浅く学ぼうとはしません。言語や歴史を覚えようとするときには自分をその世界に沈めてしまう感覚で学びます。そのため吸収もスムーズです。

わたしに限らず、そういうやり方に慣れているエジプト人は多いのではないかという気がします。

理解できない日本人の社交文化

エジプト人とくらべると、**日本人はよく残業もするし、働きすぎではないかというイメージ**があります。

エジプト人は、残業をあまりしないというのはすでに書いたとおりです。

もし、遅くまで会社に残っていることをリクエストされたなら、「電車で帰れなくなるので」などと言ってさっさと帰ります。

だけど日本人は、会社がタクシー料金を払ってまで、深夜まで引きとめておきます。

仕事もそうだし、お酒を飲むときでもそうです。

どうしてそこまでして引きとめるのかはすごく不思議です。


もっとわからないのは、「お酒を飲むのも仕事」という言い方があることです。

こちらも前に書いたとおり、お酒をよく飲むエジプト人はそもそもあまりいません。

お酒を飲むとすれば、楽しみたいからです。

お酒を飲むことがプロモーションになり、お酒を飲めば仕事をもらえて、飲まなければ仕事をもらえないというのは理解しにくい。

休みの日にゴルフや野球に出かけていって、それも仕事であるような言い方をすることにも疑問を感じます。

わたしの夫は仕事で海外に行くことが多いのですが、出張であれば、留守を任されてもかまいません。違う国へ行き、違う国の人たちと一緒に働くのはいい経験になるので、応援したい気持ちもあるからです。

日本にいても、会社での仕事が忙しいのは理解できます。

でもやっぱり、飲み会やゴルフ、野球なんかが仕事だと言われると納得しにくいものがあります。

お決まりの挨拶は「アッサラーム・アライクム」

エジプトに限らず、アラブ世界（イスラム世界）の決まった挨拶《あいさつ》が**「アッサラーム・アライクム」**です。

「あなたの上に平安がありますように」というなんだか仰々しい意味ですが、「こんにちは」と同じくらいの感覚で使われる挨拶の言葉です。

「アッサラーム・アライクム」と言われたときには、**「ワ・アライクム・アッサラーム**（あなたの上にこそ平安を！）」と返します。

エジプトでも、はじめて会った相手がエジプト人なのかどうかがわからないときはあります。いろんな国の人たちがいるうえに、エジプト人でもルーツによって顔立ちなどが分かれるからです。

そのため、わたしがエジプトにいるときに「Can you speak Arabic？（アラビア語を話せますか）」と英語で聞かれることもあります。

そういう質問をされるのではなく、「アッサラーム・アライクム」と言われることもあります。そこで「ワ・アライクム・アッサラーム」と答えるかどうかで、アラビア語が通じるかわかるのです。

といっても、エジプトの町では、相手がエジプト人であるかが判断しにくいことはあまりありません。どうしてかというと、**エジプト人はあまり一人で出かけたりはしないでグループで動く場合が多いからです。**

日本人のように一人でごはんを食べに行くようなことはしないのです。

おしゃべりな人が多いので、グループで動いていれば、常に誰かと話をしています。

その言葉が耳に入ってくれば、アラビア語かそうでないかはわかります。

わたしも友達と歩いていれば、外国人だと思われることはありませんが、娘と二人で歩いているときには判断しにくいようです。そんなときに「Can you speak Arabic?」と聞かれる場合があるわけです。

日本にいるときには、見た目が日本人とはかけ離れているにもかかわらず、知らない人から「こんにちは」と声をかけられることがあります。

この場合、わたしの反応によって日本語が通じるかを確かめようとしているのだと思います。その意味ではエジプトで知らない人に対して「アッサラーム・アライクム」と声をかけてみるのと同じです。

ただ、日本の場合、こんにちはと声をかけてくる人たちは、アラビア語はもちろん、英語も話せない場合が多いのではないかという気がします。日本語が通じないなら会話にならないという前提で確認しているわけです。

エジプトの場合は逆です。

欧米人や日本人がアラビア語で話しかけてきたとしても、多くのエジプト人は英語で返します。アラビア語は難しいので、無理にがんばってくれなくてもこちらで合わせますよ、ということです。

親の小言や注意はスルー？

一緒に行動するのは友達だけでなく、兄弟や姉妹である場合も多いといえます。そこは日本とは違うかもしれない。

日本では兄妹や姉弟で出かけることは少ないみたいです。恥ずかしいという感覚があるようですが、エジプト人にその感覚はありません。

日本人が家族で出かけるとしたら、何かのお祝いで外食するなどといったパターンが多いのだと思います。エジプト人の場合は目的もなく兄弟や姉妹、家族で出かけることもあります。家族でお出かけするのは普通のことなので、別に買いたいものがあるわけではなくてもデパートに行ったりします。

家族は大切な存在であり、いい関係でいたいからこそ時間を共有するわけです。

基本的に家族はフレンドリーな関係になっていますが、子供のやることにうるさい親が多いというのは万国共通です。

娘に対して父親が「その服は派手すぎるのではないか！」と注意するようなことはやはりあります。父親がそういう感覚をもつのは理解できても、娘のほうでは素直に言うことをきかない場合もなくはありません。

ただし……。

父親に注意されたとき、「そうだね」と返事しないことはあっても、「うるさい！」とは言い返しません。

親とのいい関係はキープしておきたいので、反論はしないのです。

だからといって、なんでも親の言葉に従うわけではないということ。

父親が厳しい口調でその服はやめろと言うようなときには、父親の前では着ないようにして、父親が知らないときに着るようにします。

親は親なので、感情を逆撫《さかな》でしないようにしているわけです。

ちゃんと聞くけど真に受けないメンタリティ

友達との関係においても似たところはあります。

友達に対して、それは違うと感じても、はっきり反論はしない場合が多いのです。

日本には**「右の耳から左の耳」**ということわざがありますよね。エジプトでも同じような言い方がされるけど、意味は少し違ってきます。

日本で「右の耳から左の耳」といえば〝すぐに忘れてしまう〟というニュアンスが強いようですが、エジプトでそう言えば**〝聞き流す〟という意味**になります。

日本語の「右の耳から左の耳」（あるいは「馬耳東風」）には最初から聞く気がないという意味合いも含まれることもあるようだけど、それともニュアンスが違います。

ちゃんと聞いてはいるんだけど、話の内容によってはスルーするということ。

とくに相手の意見が違うと感じたときには、聞くだけ聞いておいて、従いもしなければ反論もしない感じです。

どうしてかといえば、相手の感情を悪くはしたくないからです。**誰かがイヤな気持ちになったりするより、みんながハッピーでいたほうがいいという考え方です。**

相手の感情を害したくないだけでなく、自分もイヤな気持ちになりたくないから、という意味もあります。

日本人は、人に言われたことを気にしすぎる面もあるようですが、エジプト人はそれで落ち込むことはありません。相手の言葉があまり聞きたくない性質のものだったときには気にとめないようにするからです。

人の言葉を過剰に受け止めすぎないことで自分の心がダメージを受けないようにしているわけです。

どんなときでも、悪い感情を残さず次に進めるようにする。

そういうメンタリティがあるのです。

心を軽くしてラクに生きていくためのポイントのひとつかもしれません。

エジプト人は整形しない人が多い

エジプト人の特性について、いろいろと書いてきましたが、一言でいえば**「エジプト人はナチュラル」だということ。**

この章の最初にも書いたように、一人ひとりが、ありのままの自分でいればいいと思っているし、他人がありのままでいることを認めています。

生き方やふるまいもそうだし、ルックスに関する考え方もそうです。

顔を変えるようなことはもちろん、髪の色を変えるようなこともまずしません。

髪を黒く染める人がまったくいないわけではありませんが、黒い髪にわざわざ違う色をつけるようなことはしないのです。

髪の色を変えている日本人を見れば、外国人のように見られたいのかな、と思うけど、エジプト人はそういう発想はもちません。髪を染め続けることで、髪にダメージを与えたくない気持ちもあります。

湾岸諸国には「鼻を変えたい」、「目を変えたい」ということで整形手術をする人たちもいますが、エジプト人が整形手術をすることはまずありません。

お金がないからというわけではなく、興味がないからです。

生まれ持った顔とは一生付き合っていくのが自然な感覚です。

メイクにしても、ファンデーションは塗らないで、アイライナーとリップをちょっとつける程度です。メイクに時間とお金をかけないので、エジプトでは売られている化粧品の種類も多くありません。

すっぴんの人もわりといます。年を重ねて顔にシワができてもあまり気にしません。そういう部分においても、がんばりすぎないようにしています。

日本人の女の子はよくまつ毛を盛っていますよね。ああいうのを見ると、否定するのではなく、やってみたい気持ちになることはあります。だからといって、実際にやってみることはたぶんありません（笑）。

もしやってみたとしても、毎日やることはあり得ない。そのメイクが自分にとってのスタンダードになれば、時間がかかってストレスになるからです。

どこでもナチュラルでいるから生きやすい

日本人が着ている服の多くはポリエステルですが、ポリエステルの服を着るエジプト人はほとんどいません。とくに夏はそう。

ポリエステルのいい面もあるにしても、エジプト人からすると、ポリエステルの服は夏向きじゃないという感覚があります。

夏にいいのはやはりリネン（亜麻布）や木綿、モスリンなどです。

日本では小さな扇風機で風を顔に当てながら歩いている人もよく見かけます。

なんでそんなに面倒なことをしなければいけないのか……。

涼しいリネンの服などを着て、あまり荷物を持たないようにすれば「扇風機なんて使わずに済むのに！」と思います。

見た目の問題に限らず、どんなことでもナチュラルでいるのが一番です。

そのため、暑いとわかっている服を着たり、重いとわかっているモノを持ち歩いたりはしません。


日本では、女の子にはピアノを習わせるとか、習いごとまでスタンダードができている印象があります。

その子が好きなことを習うならいいけど、なんでも決まったかたちにあてはめようとするのはどうなのかな、という疑問はあります。

スタンダードというものを意識しすぎると、個人差がなくなるし、みんなと同じようにできなければならないというプレッシャーにもなっていきます。

そうならないためにもナチュラルを大切にするのがいいのではないかと思います。

日本の金子みすゞさんの詩にもあるように、「みんなちがって、みんないい」はずです。


〝ナチュラルでいれば、生き方もラクになる〟それがエジプト人の感覚です。

COLUMN 2

わたしが見た「アラブの春」

エジプトでも「アラブの春」は起きました。

2010年にチュニジアで起きたジャスミン革命をきっかけとして、アラブ世界全体に民主化運動が広がったことがアラブの春と呼ばれています。

わたしが就職したばかりの2011年にデモ活動が広がりました。それにより約30年続いていたムバーラク政権が崩壊しています。

その後も軍の最高評議会が全権を握るような状況が続くなど、混乱は続きました。

2014年5月に大統領選が行われ、アッ＝シーシー政権が誕生したことで民政が取り戻されています。

2011年に起きたデモはかなり大規模なもので、不要不急の外出が禁止される非常事態宣言も出されました。

そういう意味ではコロナのときにも似ていました。

女性は会社に来なくていいということで、家でパソコンを使った仕事をするか、休みを取るか、どちらかを選択するような感じになっていたのです。

外出が制限されたといっても、エジプト全土でデモが行われていたわけではありません。デモの参加者はカイロの中心にあるタハリール広場に集まって、「ムバーラク大統領が退任するまでは動かない!」というように広場を占拠していました。

今ではタハリール広場もきれいになりましたが、この頃はものすごい数の人たちが何日も帰らずにいたので、汚くて臭い場所になっていました。

広場がトイレになっているような感じだったのです。

暴動そのものよりも〝家に帰れない問題〟のほうが深刻だった気もします。

もちろん、デモ隊と警察のあいだで衝突がなかったわけではありません。やり取りが激しくなると、催涙弾のようなものが使われることもありました。

わたしが通っていた日本語学校はタハリール広場に近かったので、衝突の影響で停電になったこともあります。真っ暗なエレベーターの中に何時間も閉じ込められる経験もしました。やっと外に出られたと思ったら、催涙弾でみんなの涙が止まらなくなりました。何度かそういうことがあったので、日本語学校は結局、場所を移すことになったのです。

デモに参加していない人間も、自由に行動ができなかったり食料不足になったりと、それなりに大変な思いをしたものです。

アラブの春はエジプトを変えたのか？

アラブの春が起きた頃、わたしの周りでは、「この運動はいらなかった」と言っている人が多かったのも事実です。

デモが始まった当初は軽い気持ちでタハリール広場に行く人も多かったのに、交渉が長引いて激しくなると、関わろうとする人は減っていきました。

でも、この運動があったからこそ、民主化が進んだのは間違いありません。

政治的な部分については、みんなが期待するほどの変化はなかった気もするけれど、それまでにくらべて自由な生き方ができるようになっていったのです。

たとえば以前は、カフェで働く女性などはまったくいなかった。法律で禁止されていたわけではなくても、家族の目を考えればそういうところで働くことはできない感じになっていたからです。そのためわたしは日本に行ってはじめてカフェで働く女性の姿を見たくらいでした。

飛行機のCA（キャビンアテンダント）にも女性はいなかった。そもそも女性が海外に行くこと自体がNGに近かったのです。

そういう部分ではすごく閉じられていて、外国人が宿泊するホテルで女性が働くこともいいとはされていなかったくらいです。

だから、わたしが夫と結婚した段階でもまだ、国際結婚は歓迎されるようなものではなかったのです。

でも今は、エジプトでもカフェで女性が働くことは珍しくなくなりました。

CAになっている女性もいれば、ホテルで働く女性もいます。

国際結婚も増えてきました。

意味がない暗黙のルールのようなものは、ほとんど取り払われた感じです。

そういうふうに民主化が進んだことはよかったと思います。

ただやはり……、エジプトには王制のほうが合っていたのではないかという気持ちもなくはありません。エジプトが共和制となったのは1953年なので歴史はまだ浅く、なじめない部分があるからです。

第3章

日本と真逆なエジプトの恋愛事情と人付き合い

エジプトには男女交際が存在しない!?

恋愛や結婚のあり方、人との対し方に関しても、エジプトと日本をくらべたときに慣習が異なるところはずいぶんあります。

「はじめに」でも書いたように、エジプトでは好きだと告白したり、結婚前に交際する文化がないということもそうです。

もしお互いに相手のことが「いいな」となったら、その時点で結婚に進むことを考えて、親にも相手を紹介します。その場合、女性側の親に男性を紹介してから、男性側の親に女性を紹介する順序が一般的です。

「恋人」という関係性がそもそもないともいえます。

エジプトには「カレ（彼氏）」や「カノジョ（彼女）」に当たる言葉がありません。

そのため、もし、そういう意味の言葉を使いたいときには英語を借りて「Boyfriend」、「Girlfriend」と言うしかなくなります。

そうすると、相手のステータスは、彼氏、彼女ではなく〝フレンド（友達）〟になります。意識のうえでもそうなるので、「友達同士だったらキスはしないよね」ということになるわけです。イスラム教でもキリスト教でも、友達という関係性であれば、キスなどはしないということが前提としてあります。

交際期間が長くなると愛が冷めてしまうのではないかというイメージもあります。そうなるよりは、お互いを想い合えているうちに結婚したほうがいいのではないかという感覚もある気がします。

結婚前に同棲《どうせい》するということも考えにくい。

理由のひとつはやはり、ステータスがフレンドであるなら、一緒に住むのはおかしいという感覚があるからです。

もうひとつの理由は、イスラム教でもキリスト教でも、バージンで結婚するのがいいとされているからです。結婚式で牧師さんが誓いの言葉を読み上げたとき、日本の人たちは、とくに内容を気にせず「誓います」と答えている場合が多いのではないかと思います。

イスラム教徒やキリスト教徒であればそうはいきません。

誓いの言葉に対しては、ピュアであることを前提にして「イエス」と答えているので、そこで嘘はつけない、嘘をつきたくない。

そんな気持ちが強いのです。

恋愛より勉強！エジプトの中高生のリアル

日本でも欧米でも、中高生時代から、異性と付き合うことは珍しくないのだと思います。

エジプトではそういうことは、ほとんどありません。

もしかしたら交際の入口あたりまでは行きかけることはあるかもしれませんが、わたしの10代の頃にはそういう話はほとんど耳にしたことがなかったものです。

気になる相手がいたとしても、高校生の男女が二人でデートするようなことは考えにくかった。グループで出かけることがあったくらいです。

小学生の頃は、男の子も女の子もみんな一緒に遊びます。まだ子供なので、異性に対する意識がほとんどなく、抵抗がないからです。

中学生くらいから体が変化していけば、自然に異性を意識することになるので、距離をおくようになります。

それと同時に、勉強が大変になっていきます。

エジプトでは、受験が将来に関わり、**「いい大学に入れなければその時点で人生が終わってしまう」というイメージ**があります。

そのため中学生でも高校生でも、とにかく一生懸命、勉強の日々を送ります。

なので、男女交際などをしているような余裕はない！　という考え方をする人がほとんどになっていきます。

もし異性との距離が近づきすぎて、それが親に知られた場合は必ず止められます。

交際を責められるというニュアンスではなく、勉強に集中していないことを怒られます。

大学生になってようやく恋愛めいた話を聞くようになります。勉強も落ち着いて、少し余裕が生まれてくるからです。

大学時代に交際までは進まなくても、互いのことがわかっていって卒業後に結婚するようなケースが出てきます。

『花より男子』は〝高校生のファンタジー〟

今はエジプトでも日本のアニメやドラマを観ることができるようになっています。わたしも日本に来てからは、それまで以上にたくさんのドラマを観ました。

恋愛ドラマに限らず、ほとんどのドラマで恋愛が描かれていることも知りました。

日本ならではの法則性もあるというのか……。

クリスマスが恋愛イベントのようになっていることや出会いや告白にはパターンがあることもわかってきました。

高校生にとって恋愛がものすごいウェートを占めていることにも驚きました。

わたしたちエジプト人からすれば、『花より男子《だんご》』なんかは〝高校生たちのファンタジー〟のようにも感じます。

エジプトの高校生とは何もかもが違いすぎていてなんだか別世界のおとぎ話のようです（笑）。

日本に住むようになって思ったのは、日本では社会人になってからが忙しくて大変なので、早めに恋愛を楽しむようにしているのかな、ということでした。エジプトよりは高校時代に余裕があるので「順番の違いなのかな」と感じたわけです。

もちろん、みんながそうだということではありません。

日本でも必死に受験勉強に励む高校生はいるし、遊んでいる時間がけっこう長い社会人もいるようですからね。

いずれにしても、エジプトの高校生は、男女交際をしている余裕などはまったくないほど勉強に打ち込んでいるものです。

婚活はしないで、基本は恋愛結婚

日本でいう「婚活」に力を入れる人はあまりいません。もしかしたら今は、マッチングアプリなどを使う人も出てきているのかもしれませんが、いたとしてもそんなに多くはないはずです。

大学や会社、あるいは何かのコミュニティなどで出会うか。SNSでの交流がきっかけになるか……。結婚まで進むのはそういうことから始まるのが一般的です。

とくに女性は、結婚したいからがんばっているみたいな感じになっていると、周りの人から「年齢を気にして焦っているのかな」、「かわいそうだな」という目で見られやすい。結婚願望はあったとしても同情されたくはないので、**結婚したがっているよ**

うには見せない人が多くなっています。

がっつくわけではなく、「そろそろ結婚を考えてもいいかな」という気持ちがあることが周りに伝わったときには、友達が誰かを紹介してくれたり、家族が相手を探してくれることはあるかもしれません。

それを受け入れるかは本人次第です。

日本でいうお見合いのような習慣はあまりありません。

ただし、エジプトの中でも南のほうでは、家族同士のつながりから相手が紹介されるケースはあります。その場合は、お見合いに近いといえるかもしれません。

カイロなどの北のほうでそういうことがあるとすれば、ステータスの高い家族間に限られます。同じようなステータスの相手との出会いが少ないので、そういう人を紹介されるパターンです。

結婚するなら、まずは家を買ってから！

結婚をする場合、先に家を買うというのはエジプト独特の文化です。わたしが夫と結婚したとき、家が用意されてなく、マンションに住むことになったのはかなりショックな出来事でした。**家があれば結婚できるけど、家がなければ結婚しない、という考え方です。**

実家から離れたところに土地を買って家を建てることもあれば、できている家を買うこともあります。

砂漠地帯が広がっているエジプトでは、人が住む町や土地は限定されるので、家を新築するケースは減ってきました。都会ではとくにそうです。

カイロなどならアパートやマンションを買ったり借りたりする場合が多くなっています。

アパートにしても、日本よりは広く、借りた段階では空っぽのオープンスペースになっている場合が多いものです。

借りた人が部屋をどのように仕切るかという設計から考えてリノベーションをして、家具などを揃えますが、生活感を表に出さないようにするのが基本です。

エアコンなども人の目につきにくいところに設置できるようにします。

キッチンとダイニングやリビングがつながっていることなどは考えられません。料理の匂いがリビングに入ってくることはタブーに近い。

ソファやベッドなども、オーダーメイドで手作りしてもらうことが多く、量販店で家具を買い揃えることはあり得ません。

日本の家でも、以前に建てられたものなら立派で、エジプトの家に似ているともいえます。でも、今の若い人たちが住んでいるマンションを見れば、正直、驚いてしまいます。

狭いうえにモノが多すぎます！

リビングの真ん中にルンバのような掃除機ロボットが置いてあるというのはエジプトの家では考えられない。

目を疑った日本の結婚式あるある

日本では、リビングがキッチンと仕切られていないばかりか、バルコニーともつながっていたりします。ゴミ箱が見えていることもあれば、洗濯物が見えていることもあります。わたしたちからすれば、「いくらなんでも！」という世界です。

エジプトでは、ベッドやソファといった大きな家具からスプーンなどの食器類まで、どのようなものを揃えたかはすべて記録して親にも見せます。

日本では家の設計の細部まで気にする人でも、家具については軽視する人が多い印象がありますが（夫もそうだったし、周りを見ていてもそんなふうに感じます）、エジプト人の感覚では家具などすべてを含めての家です。

それで相手や親のＯＫをもらってから結婚式をどうするかを考えます。

エジプトでは、日本の披露宴のようにお金のかかることはしません。

日本で知り合いの結婚式に出席して**お色直しというものがあるのにビックリ**しました。エジプトでは考えられないことだからです。

純白のドレスはピュアであることを象徴しているので、新婦しか着ることができないものです。新婦はずっと純白のドレスを着ていればいいのに、わざわざ着替える意味がわからなかった。

とくに着物は日本人のオーソドックスな衣服だと思っていたので、「なぜドレスから普段着になるの!?」という戸惑いがあったのです（笑）。

とにかくいたるところにお金をかけているじゃないですか。

それだけの結婚式をしていながら狭いアパートに住むのも不思議でした。

エジプト人の感覚でいえば、**「結婚式にお金を使うなら、家にお金を使えばいいのに！」**となります。

日本の結婚式では新郎新婦の家族がいちばん後ろの席（下座）になることにもショックを受けました。

ふだんからお世話になっている人を前の席（上座）にするのがマナーなのだとは聞きました。でも、「いちばんお世話になっているのは親なのに！」、「会社の人たちとの関係はいつか解消されるかもしれないけれど、家族の関係は永遠に変わらないのに！」と思ったものです。

お客さんを丁重にもてなすのが日本の礼儀なのだとしても、日本の家族関係はエジプトよりも弱いのかなという印象を受けたものです。

結婚指輪の起源はエジプトにあり

エジプトの結婚式は、お祝いのパーティという性格が強いといえます。

親しい人たちを招いて、みんなで踊って祝うような感じです。

本当に親しい人たちは朝まで祝ってくれることもあります。

新婚旅行に行くとすれば、国内がほとんどです。

エジプトのパスポートで海外に行く場合にはビザが必要になるので面倒なうえ、旅行にあまりお金をかけられないからです。

結婚資金として貯めていたお金があったとすれば、80%は家にかけて、残りの20%を式や旅行などに割り当てるイメージです。

新婚旅行としてはフルガダやシャルム・エル・シェイクなど紅海に面したリゾート地が人気になっています。

新婚旅行でピラミッドに行くことはあり得ません。

「えっ、まだピラミッドに行ったことがないの?」となれば、なかなか恥ずかしいことだからです。

それから、婚約指輪、結婚指輪の起源は古代エジプトだとも考えられています。

今のエジプトではシンプルなゴールドの指輪が多い。

婚約段階では右手の指にはめていて、結婚したら左手の指に付け替えます。

婚約指輪が結婚指輪を兼ねているということです。

恋愛期間はなくても、離婚はあまりしない

最近はエジプトでも離婚が増えてきたと言われていますが、結婚数から考えた離婚率は高くありません。日本とくらべても離婚率は低く、2021年の統計ではエジプトの婚姻率（人口1000人当たりの婚姻数）は8・6、離婚率（人口1000人当たり離婚数）は2・4で、日本の4・0の婚姻率に対する離婚率の1・5より少ないことがわかります。(Demographic Yearbook 2022, DESA Publications)

交際期間がなければ、相手のこともわからないまま結婚するので、失敗しやすいのではないかと思われるかもしれません。だけど、一緒に暮らしていればすぐに相手のことがわかるわけでもありません。

今では新婚旅行という意味で使われることが多いハネムーンは「甘い1か月(Honey-Moon)」という意味です。

つまり〝結婚してから最初の1か月〟を指す言葉だったということ。

この言葉からもわかるように、最初の1か月くらいは互いに自分の悪い部分などは見せないようにして、いい関係を築いていくのが普通です。とくに恋愛期間がないまま結婚した男女にとっては、本当の意味でのハネムーンになりやすい。

そこから少しずつ本質を見せていっても、相手のことがよくわかるまでには1年くらいかかる気がします。そうなってくれば、お互いに不満が出てくることはあるでしょう。そのとき、どこまで我慢できるのか。

誰にでもイヤなところはあるものです。自分もそうだし、自分の親などでもそう。

それをいちいち指摘し合うのがいいのかどうかという問題もあります。

そもそもエジプト人は、**親に対してイヤなところがあっても、それを口にすることはしません。**親だからしょうがないと流せるなら、夫（妻）にだって多少のことは目をつぶることができる。そういう感覚もある気がします。

もちろん、どこが問題なのかというレベルにもよりますけどね。洗濯物を出しっぱなしにするくらいならよくても、DVなどを我慢するわけではありません。

人間関係の基本は「ピンポン」

エジプト人は、夫婦や家族に限らず、**相手との関係性を大切**にします。

小学校時代に仲がよかった友達がいたとすれば、その関係性はずっと継続します。わたしの場合、フルガダに住んでいた頃の友達とは会える機会が減っています。大学時代からカイロに移り、さらに日本に住むようになったからです。それでもメールなどでの連絡を取り続けています。

人もそうだし、お店もそうです。気に入ったお店などがあれば、できるだけつながりをキープしておくようにします。

相手から何かをしてもらえれば、お返しをするのも忘れません。

そういうあり方は**ピンポン**（卓球）にもたとえられます。

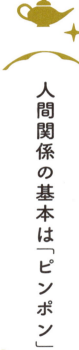

エジプトではラケットスポーツは全般的に人気が高く、卓球もメジャースポーツです。そのため、ピンポンのイメージと言われたなら、わかりやすい。

ボールを打てば返ってくる。ボールが来れば打ち返す。

ピンポンではどちらかだけが打ち続けることがないように〝交互のやり取り〟を基本にします。

話をしている中で「ピンポンの感じでいきましょう」という言い方をすることもあります。

前章では、意見が合わないときは聞き流すことが多いと書きましたが、自分の気持ちを隠しておいて、相手に伝えないわけではありません。

エジプト人にはおしゃべりが多いので、むしろなんでもよく話します。

それにエジプト人は世間話が好きなので、人の話もよく聞きます。

イヤな話を聞かされたときには流してしまうだけで、ディベートのようになることも少なくはありません。そういうときにも一方的な話し方にならないようにピンポンのようなやり取りを心がけるわけです。

すぐにはググらないエジプト人

少し話は脱線しますが、何か知りたいこと、調べたいことがあったとき、エジプト人はすぐにインターネットで検索しようとはせず、まず人に聞いてみます。

日本では、わざわざ誰かに聞くのは面倒だからということで、人に聞くより先に自分で調べようとする人が多いのではないかと思います。

エジプト人には、人に聞くのが面倒という感覚がありません。

なんでも気軽に聞けるし、答えてもらえる。

基本的に人と話すのが好きなので、人に聞くことをためらいません。

最初に人に聞いてみて、ある程度のイメージを掴んでから、わからなかったことや、もう少し知りたいことなどを自分で調べる。そんな傾向が強い気がします。

みんながスマホを持つようになっていても、なんでもすぐにググるわけではないということです。

いいモノがあったらすぐ人にプレゼント！

人にサービスをしたり何かを贈ったりすることを大切にする文化もあります。なじみの店に行けば、マスターがサービスとして料理を一品出してくれることもあります。韓国料理店では頼んでいない前菜を5、6品、出してくるのが普通になっていますが、そういうお決まり的なことではなく、あくまで気持ちの問題です。

お店に限ったことではなく、親しい人、お世話になっている人には、特別な日でもないのに何かをプレゼントすることが少なくありません。

たとえばわたしの実家でお願いしている運転手さんからマンゴーを3キロもらった

ことがありました。マンゴーはエジプトの名産品で、3キロともなれば、かなりの値段になるはずです。

お中元のようなものだといえばそうですが、いつ贈る、というようなルールがあるわけではありません。

何かいいものを見つけたり手に入れたりしたとき、ふだんからお世話になっている人やいい関係にある人とそれをシェアしたいと考える。

そういう気持ちがお店のサービスや人への贈り物になるわけです。

お金は、自分のためより人のために使う

日本と同じように出産などの祝いごとに対しても贈り物はします。

日本ではお祝いなどをもらったときには、時間を空けずに「お返し」をする文化が

あるようですが、**エジプトでは、すぐにお返しはしません。**

すぐに返せば、お祝いが帳消しされたようで、むしろ嫌がられることもあるかもしれないくらいです。

相手のほうにも祝いごとがあったときなどにそのタイミングで返します。

運転手さんがくれたマンゴーのように祝いごとでもないのに何かをもらった場合には、適当なタイミングを見計らってお返しをします。

何かをもらって、もらったまま何も返さないということは絶対にしません。

友達など、ステータスが近い人から何かをプレゼントされたときには同じような価値のモノをお返ししますが、家で働いてもらっているような人から何かを贈られたならそうはいきません。

そうした場合は、それ以上のモノを返します。

決まりということではなく、やっぱり気持ちの問題です。

裕福かどうかを問わず、エジプト人は自分のためだけではなく、人のためにお金を

使うことが多いともいえます。

お金に余裕ができれば、とくに理由はなくても、親にお金を渡したり、何かをプレゼントすることがよくあります。

割り勘のようなことはしません。

みんなでごはんを食べに行ったとすれば、誰かが今日は払うとなることが多いので、次にはそのお返しとして別の誰かが払います。

家に招待されたら、今度は招待する。

そういうところでもやっぱりピンポンになっています。

チップに似たエジプトの慣習「バクシーシ」

チップの文化もあります。

チップの起源はヨーロッパにあるという見方もされていますが、エジプトではもっと昔からチップに似た慣習が存在していました。

それが**バクシーシ**です。

バクシーシは、宗教用語を使って「喜捨」と訳されることもあるようです。持てる者、つまりお金がある人が、恵まれない人に対して行う施しです。

エジプトでは、王国時代から上流階級にある人たちが使用人に対して給金とは別にお金を渡すことがありました。そういう行為がバクシーシと呼ばれていたので、チップの原型と見ることもできるのです。

ただし……。**今のエジプトにおけるバクシーシは少々問題になっています。**

第5章でもあらためて書きますが、観光地などでサービスの押し売りをしてきて、バクシーシを求める人たちが多いからです。チップの強要に近い行為です。

観光地のバクシーシは別にして、ふだんのチップは、せがまれて渡すのではなく、自発的に渡します。

レストランなどなら料金の10％くらい、ホテルなどでサービスしてくれた人に渡す

なら、日本円にして100円くらいの感じです。

アメリカの1ドル硬貨やエジプトポンドとともに、日本の100円硬貨を渡してもいいと思います。日本円ならお土産的な感覚でよろこばれるはずです。

レストランやホテルなどでサービスをしてくれる人には直接手渡すのが一般的です。会計をする際、小銭程度のお釣りがあったときには、チップがわりに「いいです」と断ることもあります。

「男性社会」からの脱却

エジプトには〝強い女性〟が多く、会社でマネージャー職に就く人も多いということは前章で書きました。

日本などでは、女性がマネージャー職に就いていると、部下になる男性が抵抗を感じることはいまだにあるのではないかと思います。

エジプトはもともと「男性社会」だったのに、そういうところはまったくありません。それもまた常に相手を尊重するエジプト人らしいところなのかもしれません。

女性が仕事でトップを目指そうとすれば、周囲からも応援してもらいやすく、障害を感じることなくやっていけるケースが多いはずです。

ただし、どちらかというと、そこまで仕事に打ち込む女性はそれほど多くはないかもしれません。

いいパートナーと結婚できたなら、男性に仕事をしてもらい、「自分は一日を自由に楽しんでいればいい」という考え方をする女性もいるからです。

もちろん個人差がある部分なので、結婚後も変わらず仕事を続ける女性もいます。昔にくらべればそういう女性のほうが多くなっているのではないかとも思います。

以前には結婚後に仕事をやめる人が少なくなかったのは、それが普通のように見られている面があったからです。

男性社会の色が濃かった頃には、肌が白い女性がもてはやされていました。

どうしてかといえば、仕事をしないで家にいるから日焼けをしていないと見られたからです。

日焼けしていれば、外で仕事をしているのだろうということで、一段階、評価が下げられていたのです。

そうした偏見がなくなってきたことも含めて、エジプトは変わってきています。

一夫多妻はもう古い？平等な夫婦関係

日本でいう亭主関白のようなものがあったのも、わたしたちから見れば親世代までです。かつてのエジプトであれば、夫が妻に不満をもてば、一方的に離婚を告げたり、二人目の妻をもつようなこともありました。

今は、女性の権利も保障されているので、夫に問題があれば妻から離婚を申し出ることもできるようになっています。

地方のほうに行けば、二人目の妻をもつ人はまだいるかもしれません。

ただ、そういうことをするのは、最初の奥さんが子供をつくれない事情があるなど、何かしらの理由がある場合に限られるはずです。

単なる男性のエゴで二人目の奥さんをもったりすると、周りの人にイヤな目で見られるのは間違いありません。

今の家庭では、夫婦のどちらが偉いといったことはなくなっています。

共稼ぎであれば、それぞれに働き、それぞれに給料を家のために使っているのだから当然です。

夫だけが働き、妻は家庭に入っているケースでも、夫が上から目線で妻を扱うようなことはありません。

共働きでないということは、経済的に余裕があるということです。近代教育も受けているはずなので、そういう人は前時代的なやり方はしないものです。

日本の人たちから見れば、エジプトには古い習慣や制度が残っていると感じられるかもしれません。

でも、そのために息苦しくなるようなことはないのです。むしろエジプトには、人間関係をうまくいくようにするためのルールが多い気がします。

わたしたちの感覚からすれば、生きやすい国なのです。

COLUMN 3

トラブル続出!? 夫とのなれそめ話

夫と出会ったのは2011年のことでした。

民主化運動の「アラブの春」が起きていた頃のことです。

以前からわたしは日本に対して強い興味をもっていました。

父親が柔道のコーチをしていた関係もあり、子供の頃から家にはサンリオのおもちゃや日本の電化製品などがあったりしたのです。

父がビデオを持っていたことから、ビートたけしさんの『風雲！たけし城』も繰り返し観ていました。

「すもうでポン」や「だるまさんがころんだ」などのコーナーが好きでした。

そんなバックボーンもあり、日本語学校に入学して日本語を勉強するようになったのです。

その後、東日本大震災のあとに参加した日本語学校のイベントではじめて夫と会いました。そのときの印象はほとんどないというのが正直なところです。

基本的に無口なタイプなので、まったく話もしなかったのかもしれません。

『スラムダンク』の流《る》川《かわ》楓《かえで》のような顔だな、という印象だけはありました。それを人に話すと「まったく似てないよ」と言われます（笑）。

夫の名字は「八十」と書いて、「やそ」と読みます。

日本でもなかなか珍しい名字だと思うのですが、その頃のわたしは、日本にそんな名前があるなんて知りませんでした。

だから、そのイベントでも、みんなが名前を書いているところに、なぜ彼だけは〝数字〟を書いているのかな？　と不思議に思っていたのです。

それが80というナンバーではなく、八十という名字なのだとようやくわかったのは2年ほど経ってからのことでした。

彼は仕事の関係でエジプトに滞在していたこともあり、少しずつ会う機会が増えていったのです。彼はあいかわらず、あまり話はしなかったけれど、頼もしい人だなという好感をもつようにはなっていきました。

その彼がエジプトを離れるときに「好きだよ」と言ってくれたときはものすごく驚きました。前にも書いたように、エジプトの文化にはないことだからです。

わたしはどう答えればいいかと迷いました。

好きと言われて交際を始めることは、イコール結婚になります。

どのような言葉を返したかはよく覚えていないのですが、〝あなたの言葉は結婚を意味しますよ〟というように話した気がします。

エジプトでは女性のほうからプロポーズするということはありません。だからわたしも、逆プロポーズをしたつもりはなかった。「どういう意味でそんな言葉を口にしたんですか？」という問いかけをしたわけです。

だけど、彼のほうでは「結婚か、これで終わりにするか」の二者択一を迫られたように感じたみたいです。

そのときは彼のほうでも戸惑っていたようです。それでも、一度帰国してまたエジプトに戻ってきたあと、結婚に向けて話が進んでいきました。

国際結婚というハードル

その先にも困ったことはありました。

当時のエジプトでは国際結婚の例はあまりなかったからです。

とくにわたしが育ったエジプト南部のサイーディ地方（ナイル川上流地域）では、親戚同士で結婚するのが珍しくない文化があります。

当然ながら父親は、彼に会うこともしないうちから大反対。

そのため、彼をわたしの両親に会わせるより先に、わたしが日本で彼の両親に会うことになったのです。


そのとき彼は、母親に対して「いいひとを紹介したい」と話していながら、わたしがエジプト人だとは言っていませんでした。それもどうかと思いました（笑）。彼は、何に対しても十分な説明をしないタイプの人ですが、いくらなんでも……という話です。

息子から恋人かフィアンセを連れてくると聞かされていて、現れたのが見た目からはっきりと外国人だとわかるわたしだったのだから驚かないはずがありません。

そのあとにあらためて、お父さんとも一緒に食事をすることになり、結婚を認めてもらいました。やさしくて理解のあるご両親です。

エジプトでわたしの両親に彼が会ったのはそのあとです。

そのときわたしの父は、ひたすらイヤな話ばかりをしていました。聞きたくもないようなことだったので、内容も覚えていないくらいです。

結局、そのときは父に賛成してもらうのはあきらめました。日本で結婚して、子供ができてからエジプトに里帰りして、ようやく認めてもらえた感じだったのです。

第4章

まだまだあるエジプトのカオスな日常

ごはんは全部食べきらないのがマナー

生き方や人間関係に限らず、エジプトには独特の文化や習慣があります。

たとえばエジプトでは、**出されたごはんを少し残すのがマナー**になっています。

ヨーロッパではコースとして順番に料理が出てきますが、エジプトでは最初から多くの料理がテーブルに並べられます。

タジンという円錐《えんすい》形の蓋《ふた》がついた土鍋《どなべ》で出される肉料理や魚料理がメインになることが多く、ほかに大きな鍋に入ったモロヘイヤスープや大皿のチキン、たくさんのごはんなどが並べられるので、それぞれに好きなだけ取って食べるようにします。

食べきってしまうとホスト側が足りなかったかと感じるかもしれないので、**「もう満足です」という意味**で少し残します。

最近はそれほどこだわらなくなってきましたが、知人の家のごはんに招かれたときには、客側が先に、もう十分ですという感じで食べ終えるのが基本的なマナーです。「もっと食べられるのではないか」と言われたなら、食べてもいいし、お腹がいっぱいなら食べなくてもいい。そんな感じです。

今のレストランで出される料理の量は以前よりは減ってきました。それでも食べきることができなかったなら残してもかまいません。

ただ最近は、出してもらったものを残すのはよくないと考える人も増えてきました。そういう人は、何かに詰めて持ち帰るようにします。

合理的なやり方なので、今の世の中には合っています。

もちろんそういう人ばかりではありません。

エジプトは暑いので、持ち帰っても結局、危なくて食べられないということで、そのまま残して帰る人はやはりいます。

残されたごはんはどうするのかといえば、捨ててしまうのではなく、動物にあげたりすることが多いようです。エジプトの猫はモロヘイヤも食べますからね。

お昼ごはんの時間が存在しない

日本に来て、食べものを残すことが失礼にあたると知ったときには、エジプトと反対なのでビックリしました。

でも、日本のごはんは食べきれる量になっている場合が多いので、だいたい残さずに食べられます。

ただ、お子様ランチは小学校低学年に合わせた量なので、わたしの3歳の娘は食べきることができません。無理に食べさせたりはしないでいます。

エジプトのレストランなどで出てくる食べものの量は、日本より多いけどアメリカよりは少ないくらいです。ローカルなカフェで出されるコーヒーの量も日本の喫茶店より少し多いくらいの感じです。

エジプトではしっかりとした昼食をとる習慣がありません。

会社でも、時間が決まったお昼休みがあるところは少ない。

お腹が空《す》いたときにちょっとしたものをお腹に入れることはあるけれど、会社で毎日、ちゃんとした昼食をとる習慣がある人は少ないはずです。

朝ごはんをしっかり食べているうえ、日中は暑いので、お昼にもあまりお腹が空かないというのが理由のひとつです。

何か食べるとしたら2時くらいにすることが多く、ティータイムに近い感じです。果汁100%のジュースを飲んだり、フルーツを食べたりするくらいの人が多いですね。お昼はそれで済ませて、6時頃に夕飯を食べます。

学校では大体12時にお昼休み＝昼食の時間があります。

子供はたくさん動いて汗もかくので、成長のためにも昼食はとるようにしたほうがいいからです。

給食が出されるかは学校次第です。

給食があるとすれば、メニューはシンプルで、朝食に近い。そら豆を煮込んだフールに、そら豆のコロッケのターメイヤ、もしくはフールにハムとチーズ、あるいはエジプトのパイとハチミツやジャムといった3パターンくらいです。

給食がない場合はサンドイッチを持たせます。

エジプトのサンドイッチは日本のサンドイッチとは違います。

食パンやバゲットではなく、平焼きパンのエイシを使います。

チーズやパンを挟んでクルクル巻くようにして細長くするか、エイシのポケット(空洞部分)にフールやファラーフェルを入れるか。その2タイプが定番です。

コンビニにお弁当は売られていない

会社にお弁当を持って行く習慣はなく、お弁当を売っているお店もほぼありません。

最近、ごく限られたスーパーでお弁当が売られるようになりましたが、**コンビニのよ**

うな店でもお弁当は売られていません。

カイロには日本のコンビニと変わらないコンビニもできました。その店でも商品の中心はスナック菓子やソフトドリンクです。

お弁当といえるものはなく、あったとしたならサンドイッチが少しくらいです。

日本に住んでいるわたしがエジプトに戻ると、「エジプトのコンビニは何のためにあるんだろう？」と疑問を感じることもあるくらいです（笑）。

レストランはたいてい、お昼もやっています。

夜はすごく混んでいる店でも、エジプト人はあまり昼食をとらないので、**お昼の時間帯は空いていることが多い。**

エジプトで観光するなら、お昼にはレストランを利用するのがいいと思います。

食事のマナーとして付け加えておけば、**手で食べるときには右手を使います。**

左手は不浄のモノを触るときに使う手とするイスラム教の考えがあるからです。

イスラム教では行っていいこと、許されていることを「ハラール」、禁じられていることを「ハラーム」といいます。

食べものに関しても、食べていいものはハラール、豚肉など食べてはいけないものをハラームといいます。豚肉などが入っておらず、安心して食べられるものは「ハラールフード」として販売されています。

エジプト料理は、さっぱりが基本

エジプト料理と日本料理をくらべても、共通点はあまり見つかりません。日本料理では、お寿司《すし》やお刺身など、生のままで提供したり、素材の味を生かしたものが多くなっています。

エジプトは暑い国なので、そうした料理がほとんどありません。

とくにたまごや魚などは「生のまま食べるのは危ない」という意識があります。バジルなどのハーブやニンニクを使った料理が多いのは抗菌作用や消化促進作用があることを考えてなのだと思います。

エジプト料理は味が濃いのではないかというイメージをもたれている人もいるかもしれませんが、そんなことはありません。

いい香りがしながら甘くも辛くもなく、さっぱりした味の料理が多いといえます。

また、エジプトではフランス料理を出す店はあまり見ません。

フランス料理にはバターが使われたものも多く、エジプト人としては重く感じられ、抵抗があります。

地域的なこともあるのでしょうが、**イタリア料理は、エジプトの料理に近いといえます。**ハーブやトマトを使うことが多い点などが似ています。

インド料理も重い感じがして、エジプトではまず食べません。

中華料理店はありますが、**日本の中華料理店とはメニューがずいぶん違います。**

エジプトでは麺《めん》料理や点心などが出されますが、日本の中華料理店に並ぶメニューには全然知らないものが多かった。マーボー豆腐や担々麺などは、日本ではじめて見てビックリしました。

カフェで「シーシャ」はくつろぎの時間

エジプトにはカフェが多く、カフェでは紅茶とのセットで**シーシャ（水タバコ）**を吸っている人たちもいます。

水タバコの発祥については正確にはわかっていませんが、中近東で発明されたと考えられています。水パイプという独自の喫煙具を使って煙を吸うシーシャという様式はエジプトで広く親しまれています。

乾燥させたタバコの葉を香料にひたしてハチミツか糖蜜《とうみつ》で固めたものがフレーバーと呼ばれます。そのフレーバーを燃やして出る煙を水にくぐらせてろ過し、長いパイプを通して吸いこみます。

フレーバーにはさまざまな種類があり、最近は**アップル味が人気**のようです。

水を入れるボトルは装飾品にもなるような美しいものが多くなっています。

シーシャはもともと男性だけが吸っていましたが、タバコとしては軽い感じのものでフルーティなので、女性も楽しむようになってきました。

タバコもシーシャも吸う人もいれば、タバコは吸わないけどシーシャは吸うという人もいます。いつもではなくてもたまに吸う、経験として一度だけ吸ってみた、などという人もいるようです。

ライトな感覚で楽しめても、ニコチンフリーのものでなければニコチンは入っているので、その点は注意してください。

かなりの煙が出ることもあり、家よりもお店で楽しむ人のほうが多いですね。エジプトのカフェならだいたい100円くらいで、1時間ほど吸っていられます。

日本でもシーシャが吸えるお店はあるようです。価格は店次第なのでしょうが、法律的にはタバコと同じ扱いです。


ちなみに、**エジプトでタバコを吸えるのは18歳以上です。**

18歳以上でなければ購入もできない法律ですが、「親に頼まれた」などと言えばあっさり買えてしまう場合が多いようです。

タバコに対しては、比較的、取り締まりがゆるいので、残念ながら子供が吸っている場面を見かけることもあります。

お酒は21歳以上（ビールは18歳以上）で、お酒に対しては厳しい。大人でなければまず買うことはできません。

エジプトでは日曜も元日もお仕事！

エジプトでは、土曜と日曜ではなく、金曜と土曜が週末（週休日）です。

日曜は平日なので、みんなが働きます。

これもイスラム文化です。金曜には礼拝があるからです。

男性は金曜の正午にモスクへ行って集団で礼拝します。礼拝までは静かに過ごし、そのあとは町も賑《にぎ》やかになっていきます。

キリスト教の礼拝は日曜ですが、会社に勤めていれば、仕事があるので教会へは行けないことになります。

ただし、イスラム教やキリスト教の大切な日には会社全体が休みになります。

コプトのクリスマス、ラマダン明けの大祭イード・アル・フィトル、犠牲祭などは祝日になります。

特にラマダン明けの大祭と犠牲祭は連休ですが、年によって休みになる日数が変動するため、大型連休になる年とならない年があります。

海の日だとか山の日だとかスポーツの日だとか、土日とくっつけた大型連休の多い日本がうらやましいくらいです。

12月25日のクリスマスから1月1日の正月、1月7日のコプトのクリスマスまでがセットになっている感じなのに、正月休みはありません。

12月25日のクリスマスを祝ったあと、12月26日から引き続き会社に行き、1月1日も休みではなく、1月7日が休みになります。

日本には、元日におせち料理を食べたり初詣《はつもうで》をしたり、いろいろな習慣がありますが、エジプトでは正月の決まりごとはほとんどありません。クリスマスがメインで、正月はそれほど重要視されていないからです。

それでもやはり、年が替わるということでお祝いはします。カウントダウンをしたり花火をしたりする感じです。

何か特別なものを食べるとすればケーキくらいです。

エジプトのサンタはラクダに乗ってやってくる!?

正月をまたぐように2つのクリスマスがあるので、**1月1日にもクリスマスツリーが飾られていて、町にサンタクロースがいたりします。**

12月のクリスマスはプレゼント交換をしたりして賑やかです。わたしも子供の頃にはサンタさんからプレゼントをもらったりしていました。

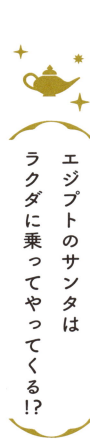

どのサンタもそうだというわけではなくても、エジプトのサンタは日本のサンタより大きい！　子供の頃はフルガダに住んでいましたが、ビーチでサンタがラクダに乗っているのを見たこともあります。

アシスタントとして、グリーンの服を着た妖精《ようせい》のエルフもいました。日本ではあまり見かけなくても、欧米のクリスマスでもエルフは現れることが多いようです。

1月7日はコプトのお祈りが中心になるので、静かなクリスマスです。

イスラム歴（イスラム世界の暦）の正月もあります。

何月何日が正月にあたるのかは毎年変わります。

イスラム歴は1年が354日の太陰暦なので、世界的に使われている太陽暦のカレンダーとは月や日がズレていくからです（30年を一期としてそのあいだに11回の閏月《うるうづき》をはさみます）。

イスラム歴の正月も祝日です。

今のエジプトでは大げさなお祝いはしなくなっています。

現地での挨拶は「ハロー」でOK

エジプトでは南部でヌビア語が使われているだけでなく、同じアラビア語でも地域によって訛《なま》りなどが違ってきます。

挨拶《あいさつ》の言葉にしても、地域や年齢によって、変わってくることがあります。

エジプトに来る前にアラビア語入門のような本を読んで勉強しようとする人もいると思いますが、エジプト人はアラビア語だけを話すわけではありません。

たとえばギザでピラミッド観光をしていれば、現地で商売をしている人たちも、挨拶として「アッサラーム・アライクム」と言ったり（第2章参照）、お礼として「シュクラン（ありがとう）」と言ったりします。でも、最近の若い人などは**「アッサラーム・アライクム」と言わないことが増えてきました。**

自分から口にすることが減っているのです。

普通に「ハロー」、「ハ～イ」、あるいは「ボンジュール」といった言葉を使う人が目立ってきました。

「シュクラン」と言わず、「サンキュー」や「メルシー」と言う人も増えました。

気取っているわけではなく、それが自然になってきているし、シチュエーションに合わせて変える人もいます。

アラビア語に英語やフランス語を混ぜながら話す人がいるということも書きましたが、それが普通になってきているということです。

日本人が海外旅行をする場合、挨拶くらいは相手の国の言葉でしたいと考えることが多いようです。でも、わざわざアッサラーム・アライクムと言ってくれなくても、ハローでまったくかまいません。エジプト人同士でもそうして挨拶するくらいなので、そのほうがむしろ自然です。

古代エジプト語と日本語は似ている？

エジプト人は外国語を習得することが得意です。

日本語を勉強している人はそれほど多くはありませんが、どちらかというと、エジプト人は日本語を覚えやすいのではないかと思います。

エジプトの言葉と日本語には似ているところもあるからです。

文法的な部分もそうです。

英語圏では自分のことを話すときには「わたし＝I」という主語を用いるのが普通です。日本語では「わたしは……」という主語を使わず話を始めることが多いようにアラビア語でも「わたしは……」とは言いません。


アラビア語ではなく古代エジプト語には、偶然なのか、日本語と発音が似ている言葉もあります。

たとえば、「あなた」と同じ意味で「エンタ」といいます。

日本ではごはんのことを「まんま」ということがありますが、古代エジプト語にも食べものを指す「マンム」という言葉があります。

調べていけば、似ている言葉はもっとたくさんあるのではと思っています。


また、古代エジプトのヒエログリフは、漢字と同じで、物の形からつくられた象形文字です。

古代エジプトでは碑文などに刻まれたヒエログリフのほかに、パピルス（紙）に書けるようにした**簡略型の筆記体であるヒエラティック（神官文字）やデモティック（民衆文字）**も用いられていました。

そのことも、時代の変遷に併せて書体が簡略化されていった漢字の性格と似ているのではないかと思います。

ヒエラティックやデモティックはコプト語に継承されている部分もあるので、ヒエログリフの解読にも役立てられました。

ヒエラティックやデモティックは、日本語でいうひらがなやカタカナの位置づけにも近い気がします。

古代エジプト語を覚えたい場合、以前は専門に学ぶ必要がありましたが、最近は小学校でも基本だけは教えるようになりました。

現在のエジプトで使われている言葉は100%がアラビア語ではありません。

古代エジプト語からきている言葉もあります。そのため、アラビア語の勉強をしていれば、どの言葉がエジプト独自のものなのかがわかってきます。

流行にまったく踊らされないエジプト人

エジプト人がどんな服装をしているかについても場所によって違ってきます。

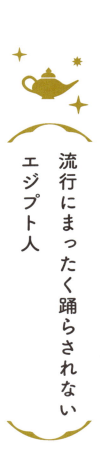

エジプトの民族衣装としては**ガラビア（ガラベーヤ）**があります。リネン（亜麻布）や木綿、モスリンなどでできているワンピースのようなもので、男女を問わずに着ます。

エジプト人の服装というとガラビアのイメージが強いかもしれないけれど、今、ガラビアを着ている人は少なくなっています。

日常的に着ているのは、地方の年配の人たちや観光名所で働く人たちなどに限られます。都市部の若い人などは欧米と変わらないような自由なファッションを楽しむようになっています。

それでいながら、**エジプトにはファッションの流行というものがありません。**トレンドを伝えるような雑誌もなく、もしそういうものを見ていたりすれば、周りからはバカにされるのではないかと思います。

雑誌やカタログなどは、アパレルの会社などが売りたいものをアピールするためのメディアに過ぎないと考えているからです。そういう商業主義には踊らされるべきではないという意識が強いわけです。

日本人ほどデニムをはく人が多くないのも特徴です。どちらかというと、風通しがいいコットンのパンツが好まれます。**エジプトにユニクロはないけど、あれば人気になるかもしれません。**ユニクロと似たような自国メーカーの大型ショップはあります。

意外と厳しくないドレスコード

エジプト観光をする場合も気候に合わせて好きなファッションをしてかまいません。ガイドブックではモスク（イスラム教の礼拝堂）に入るときは肌を隠さなければならないように書かれていることが多いと思います。**でも実際は、100％、肌を隠す必要はなく、ヒジャブを着けていなくても大丈夫です。**

モスクのような宗教施設に入るときに露出の多い服を着ていた場合には、**薄地のマントのような「アバヤ」**などを羽織るようにしてください。

頭には頭巾《ずきん》をかぶるか、スカーフを巻けばＯＫです。

観光客に限らず、エジプト人もそういう感じになっています。

入口でアバヤを借りられるモスクも増えています。

モスク中心に観光する日には、エコバッグのようなものにアバヤかカーディガンとスカーフだけ入れておくのもいいと思います。

モスクを出れば、脱ぐようにすればいいからです。


ギザのピラミッド観光では、タンクトップにショートパンツというようなセクシーな格好をしている外国人もいます。

そういうスタイルでピラミッドをバックに写真を撮っている人たちも見かけます。

よほど極端な格好でなければ注意をされることはないでしょう。

今のエジプトでドレスコードがあるのはモスクに入るときくらいです。

ただし、**ピラミッドに入るときにはデニムなどをはいていたほうが無難**です。

どうしてかといえば、砂などで汚れるから。

ケガをしないためにも、破れていない長ズボンにするのがいいと思います。

脱毛デビューはなんと8歳から！

エジプト人の多くはよく脱毛をします。

古代エジプトでは体毛は不潔なものとみなされていたので、お祈りの際などにはとくに体毛はないほうがいいと考えられていました。その頃から現代まで脱毛の習慣が続いていて、体に生えている毛は全部抜くようにしています。

脱毛を始めるのは、だいたい8歳か9歳頃です。早くから始めたほうが、再び生えてきにくくなるイメージがあるからです。

エジプトの脱毛では主にワックスを用います。

砂糖や蜂蜜などでできている粘土のような**固形ワックス**を脱毛したいところに貼り

つけて、ビリリと一気に剥《は》がします。

子供の頃には、痛い！　と泣きたくなりますが、慣れてしまえば、まったく痛くはなくなります。

ワックスを使うと古い肌の角質も取れて、肌の状態が良くなる感覚もあります。

あのクレオパトラもこの方法で脱毛していたようです。

エジプトには傘がない

エジプトには傘を使う文化がありません。ほとんど雨は降らないからです。

古代には傘があったとも考えられていますが、今のエジプトで傘が売られていることはなく、**傘という言葉自体がありません。**

もし言葉をあてはめるなら「シャムスィーヤ」になります。この言葉には「太陽のもの」という意味があり、日傘のことです。雨傘を意味する言葉はないので、強いて言葉を当てるならシャムスィーヤになるわけです。

じゃあ日傘はさすのかといえば、さしません。

太陽は神と考えられているので、神から隠れようとはしない。もし日傘をさしていたら、「太陽がイヤなんですか?」、「なぜ、神から隠れようとするんですか?」と言われてしまいます。

エジプトでそれなりの雨が降るのはアレクサンドリアなど地中海地方だけです。

わたしもアレクサンドリアでは夏の雨を経験したことがありますが、夏のカイロやフルガダで雨にあったことはありません。

冬にはカイロでも、わずかに雨が降ることはあります。それでも年間降水量は30ミリに達しないくらいです。

そのため、雨に憧《あこが》れをもつエジプト人は少なくありません。雨が降ると、「やっと降った!」とよろこんだりしています。

それくらい雨が少ないので、道が汚くなりやすいのも正直なところです。

雨が降らないエジプトで、どうしてナイル川が氾濫《はんらん》していたかといえば、上流にエチオピア高原があり、エチオピアでは夏季に大量の雨が降るからです。

それがナイル川の増水につながっていました。

ナイル川の洪水があったからこそ、農作物を育てることができていたのです。

エチオピアがナイル川上流の青ナイル川に巨大ダムを建設して貯水を始めたことは両国の対立にもつながってしまいました。

唯一の激レア雪スポット、カテリーナ山

ほとんど雨が降らないエジプトでは雪を見ることもとても難しいです。

唯一雪が降るのはシナイ半島のカテリーナ山（セント・カテリーナ山）くらいです。

そのため、雪が見たければ冬にカテリーナ山に登ります。

冬の登山は危険ともいわれますが、カテリーナ山は標高が2642メートルと、それほど高くないので冬でも登れます。

エジプトではこのカテリーナ山が最高峰です。

モーセが神から十戒を授かった場所とされるシナイ山とは隣り合っています。シナイ山には**世界遺産の聖カテリーナ修道院**があり、多くの信者（キリスト教、イスラム教、ユダヤ教）や観光客が訪れます。

エジプトには雪だけを指す言葉はなく、サルグという言葉が、雪と氷の両方の意味で使われます。

わたしも雪にはすごく憧れていて、日本ではホワイトクリスマスが楽しめるものだと思い込んでいたのに、東京ではなかなか雪を見られずにいました。残念がっていたら、夫が北海道に連れて行ってくれました。

ものすごく感動したけど、知らないことが多かったので、失敗もしました。

普通のスニーカーを履いていき、手袋もしていなかったのです。

それくらい雪に慣れていませんでした。

エジプトでは夏に乾燥するのに、日本では冬に乾燥します。

肌にはかなりのあかぎれができてしまい、わたしは雪に向かない人間なんだ……と思い知らされました。

砂漠でスキーもキャンプも全部できちゃう

エジプトには、砂漠のスキーもあります。

雪は降らないけど、広大な砂漠があるからです。

バギーに乗って砂漠の真ん中まで行き、坂になっているところを滑り降ります。

スノーボードのようなものもあり、それぞれ**サンドスキー**、**サンドボード**と呼ばれます。

エジプトに限らず、ナミビアやイスラエル、オーストラリアなどでも行われているようです。
わたしも子供の頃にやりました。サンドスキーをやるなら、ゴーグルかサングラスは絶対にしておくべきです。目に砂が入ってこないようにするためです。

砂漠でキャンプをすることもあります。

観光客にも人気のようですが、エジプト人もキャンプを楽しみます。
国土の9割以上が砂漠といっても、キャンプをするような砂漠の中央に行くのは簡単ではありません。そのため、キャンプだけをして帰るのではなく、サンドスキーやサンドボード、バーベキューなどとパッケージにして一日を楽しむようにするパターンが多くなります。

砂漠地帯は気温差が激しく、夜には日中にくらべて20度前後気温が下がることもあります。

寒いというほどではなくても、風も強いので、体が冷えると感じる人は多いはずです。昼は日差しが強く、夜は冷えるので、半袖《そで》半ズボンで行くのではなく、羽織れるものや風よけを用意しておくのがいいと思います。

ラクダはどこにいるのか？

ツアーであれば、砂漠キャンプなどのパッケージにラクダに乗るプランが含まれている場合が多くなります。でも、ラクダに乗りたいだけなら、ピラミッドの近くなどでも乗ることはできます。砂漠ツアーではエジプトらしさが楽しめるはずですが、ラクダだけが目的であるならツアーに参加する必要はありません。

エジプト人はいつもラクダに乗っていると思い込んでいる人もいるかもしれないけれど、さすがにそんなことはありません。

というよりも、**日常生活の中でラクダに乗ることはないのです。**

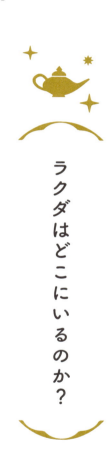

お金持ちの中にはラクダをペットにしている人もいるようですけどね。

そういう人は例外として、エジプト人でも、ラクダに乗りたいと思ったときには、観光用のサービスにお金を払って乗るのが普通です。

ラクダの足は舗装された道を歩くのには向いていないので、町なかで乗れる場所はあまりありません。

わたしが住んでいた頃のフルガダは、家の前が砂漠のような場所だったので、ラクダは家の近所でもよく見かけましたが、そんな町は今はほとんどなくなっています。


わたしも何度かラクダに乗ったことはありますが、**ラクダはけっこう臭い**。乗るだけでも服に匂いがつくほどなので、乗るのはあまり好きではありません。

でも、経験として娘もラクダに乗せておきたかったので、補助する意味で、最近、娘と一緒にまた乗りました。

ラクダが立てば、けっこう高い位置になり、かなり揺れるので、キャーッと叫び声をあげる人もいるくらいです。遊園地のアトラクションにも似ています。

砂漠のツアーに参加すればラクダのミルクが出されることもあるかもしれません。

正直いえば、わたしはあまり好きじゃない。

やっぱりクセがあるからです。

誤解されると困るけど、ラクダの悪口を言いたいわけではありません（笑）。

エジプトでは、「ラクダのような目」というのは褒め言葉になります。

ラクダの目はきれいでチャーミングだと思われているからです。

クルミのことを「ラクダの目」ともいいます。そのためか、クルミにはかわいいイメージがありますね。

エジプト人は海が好き！でも温泉は……

エジプトで海が見られる場所は限られているので、海が好きなエジプト人は多いは

ずです。近年、リゾート地が発達して、バカンスに行く人が増えているのもそのため
かもしれません。

温泉もたくさんあります。

でもエジプト人は、あまり気軽に温泉には行きません。

温泉というと、療養のイメージが強すぎるところがあります。健康であれば、わざわざ温泉に行く必要はないと考える人が多いのではないかという気がします。

エジプトの温泉は、掘り当てたりしたものではなく、自然に湧き出たものばかりなので、砂漠の真ん中などにあります。

それこそオアシスのような感じです。

環境としてはすばらしくても、アクセスは良くないところが多い。それもあって、わざわざ温泉に入りに行く人は少ないわけです。

エジプト人は、**行くのに面倒なところや、混んでいる施設などにはあまり行きたがらない傾向**があるのです。

道を譲り合う「ファースト精神」

譲り合いの気持ちが強いのもエジプト人の特徴です。

レディファースト、チャイルドファースト、ちゃんとした格好をした人ファーストなどと、いろんなファーストがある気がします。

日本では狭い道を行き違うときや電車の席取りなどで「自分が先だ！」、「こっちが先だ!!」と勝負しているように見える場面をよく目にします。

わたしにとってはそれがプチストレスになっていました。

エジプト人は道も譲り合うし、横入りをされてもわりと許容します。信号があればちゃんと止まる……というように、必要以上に物事を急がない人が多いのです。

もちろん、自分が先だと主張してくる人もいます。自分はお金持ちだから先にしてもらう権利があるとでも言わんばかりのイヤな人たちですが、全体としてはそういう人は少ない。

いつも周りをよく見ている人のほうがはるかに多いはずです。

女性がいるな、子供がいるな、ちゃんとした格好をしているからお出かけなのかななどと周りを見ながら考えて、相手を思いやります。

これは習慣や文化というより国民性のようなものなのかもしれません。

同じアラブ、イスラム教でも湾岸諸国の人はちょっとタイプが違う気がします。どちらかというと湾岸諸国には、自分が一番になりたい、お金持ちが偉い、という考え方をする人が目立つようにも感じられます。

最近のアラブ世界の関係性

アラブ諸国といっても、**国ごとに国民性や習慣などは異なります。**

アラブ世界全体が常にひとつにまとまっているわけではありません。

長く中東戦争（アラブ諸国とイスラエルの戦争）も繰り広げられてきました。エジプトとイスラエルが和平合意したことによって、エジプトがアラブ世界の中では孤立してしまった時期もあります。

実際、パレスチナ問題でもエジプトは難しい立場にあります。

エジプト政府としてはアメリカやイスラエルとの関係を維持する姿勢でいても、多くのエジプト人はパレスチナを支持しているというのが本当のところです。

反対のデモなどはしていなくても、インターネットではそういう意見をよく見かけます。

政治的なことはあまり書かずにおきますが、イスラエルはエジプトにパレスチナ難民を受け入れろと圧力をかけ、エジプトとガザの国境を管理しようとしています。

パレスチナの人たちが入ってくれば、今度はイスラエル側が「テロリストがこの地帯にいる」などの理由をつけて、介入してくることが想像されます。

エジプト人としては、「イスラエル人は来ないで！」、「エジプトを獲《と》ろうとしないで！」となるわけです。

感情を爆発させるようなことはなくても、そういう気持ちにならざるを得ない。古代からの歴史を振り返っても、簡単には語れないことも多いのがアラブ地域です。

COLUMN 4

日本に来てからは驚くことばかりだった

はじめて日本を訪れたのは2015年です。まだ夫と結婚するという話もなかった頃なので普通の旅行でした。個人的に早くから「日本に行きたい!」という気持ちを強くしていたこともあり、3週間、滞在しました。その後、結婚の話になったので、翌年の6月にご両親に会うためにもう一度、訪日しました。

結婚してからは日本に住んでいます。

イメージしていたのとは違うことも多くて、はじめのうちは驚いてばかりでした。

日本に着いた日は雨だったのです。

12月だったので雪が見られると思っていたのに、雪はまったく降ってくれない。一方で雨の日が多いのに戸惑いました。エジプトではめったに雨が降らないからです。

食べものでは、たまご料理の種類の豊富さにビックリしました。

それまでエジプトのたまごを食べておいしいと思うことはあまりなかったのが正直なところでした。それから、エジプトに限らず多くの国がそうであるように、ナマでたまごを食べること自体が考えられないのです。

だからまず、たまごかけごはんのような料理があることが信じられなかった。たまご焼きや目玉焼きといったものだけでなく、茶碗《ちゃわん》蒸しなど、バリエーションもすごい！

一度日本のたまごを食べたらエジプトのたまごは食べられなくなるかもしれません。

箱根《はこね》に行ったとき、真っ黒いたまごを見たときにも驚きました。

日本人には温泉たまごとしておなじみでも、わたしたち外国人から見れば、「どうして黒いの!?」となるわけです。

ファッションにも驚きました。とくに若い女の子たちです。

冬で寒いのにものすごく短いスカートをはいている人が多い。エジプトのファッションが欧米化してきたといっても、さすがにこれだけ短いスカートは無理です。

寒いと思っていたこともあり、わたしはものすごく厚着をしていましたが、12月の日本だと、かなり薄着の人たちが多い。ミニスカートの女子中高生などはとくにそうです。どうしてそんな格好で歩けるんだろう!?　と思っていました。

一方で翌年の6月に来たときは、日差し対策なのか、ヒジャブをしたエジプト人よりもよけいに顔を隠している人がいるのも不思議に思いました。

日本のことはいろいろ学んできていたつもりでも、全然知らなかったこともいっぱいあったのです。

「○ー○ー」の看板にもビックリ！

英語の看板が少なくて、日本語の看板ばかりだったのも意外でした。エジプトは英語の看板が多いし、どこの国でもそうだろうと思っていたからです。その頃は読める漢字がまだ少なかったので、なんて読むのかわからないことも多かったですね。

いちばん難しかったのはデパートのマルイの看板です。

「○ー○ー」って……。

今考えても暗号のようだけど、これで「マルイ」と読むなんて想像もつかなかった。

あとから聞いたところによると、電話番号の「0101」から取ったロゴマークだそうですね。それでも「ー」をイチとは読ませない謎のルールです。

マルイに限らず、解読が難しいイタズラ心にあふれた看板やロゴマークが多いことには、ずいぶん戸惑いました。

ルイ・ヴィトンやシャネルなどの店舗はブランドロゴが出ていますが、アメリカから来ているお店や店舗でも、日本語の看板が出ていることが多いのも不思議でした。

日本はやっぱり魅力的だったので、日本に住みたい気持ちはありました。

でも、ひとつ思ったのは〝経験が必要〟だということ！

〇ー〇ーのインパクトが強かったけど、教科書で覚えるような日本の知識、日本語だけでは生きていけないんだと痛感しました。そのときの自分の知識や日本語力では足りないんだなと知らされた気がしたのです。


日本で少し残念に思うのは、若者の数が少ないことです。

渋谷《しぶや》や新宿《しんじゅく》などに行けば若者はたくさんいるけど、地方に行けば若者も子供もすごく少ない。常に指摘されているように少子高齢化が進んでいます。

エジプトにはまだ大家族があるし、親族のつながりを大切にしています。おじいちゃんやおばあちゃんがいて、兄弟がいるというように、家族、親戚《しんせき》がたくさんいて、みんなが仲良くしている暮らしは楽しいものです。

今の日本ではそういうことが少ない。子供同士で遊びたくても仲間がいなかったりするのはやはり寂しいじゃないですか。

日本の言葉でいえば、「もったいない」ですね。

第 5 章

どこよりも詳しい、エジプト旅を120％満喫するためのガイド

押さえておきたいエジプトの主要都市

最終章では、これからエジプトに旅行する方に向けて、覚えておくと便利なハックをお伝えします。

日本からエジプトに行く場合、カイロ国際空港に着くことになります。**カイロからギザまでは車で10分ほど**なので、まずカイロ観光、ギザのピラミッド観光をする人がほとんどです。

ナイル川沿いに南に下ることになる**ルクソールとアスワンも人気のスポット**です。

カイロからルクソールへは、飛行機で移動すれば1時間ほどです。

ルクソールとアスワンのあいだをクルーズ船でめぐるツアーも人気です。

アガサ・クリスティが乗って、その後に『ナイル殺人事件（ナイルに死す）』を書くことにつながった**スーダン号**は有名です。アガサ・クリスティがそのとき宿泊した部屋は今でも残されています。

ルクソールには**古代エジプトの都テーベ**があったので、**カルナック神殿**など重要な遺跡がすごく多い。テーベ周辺の遺跡群は世界遺産にもなっているので、エジプト観光をしてルクソールに行かない人はあまりいないと思います。

ルクソールとアスワンは200キロくらいしか離れていません。

クルーズ船ツアーでは3泊くらいしながらゆっくりと回ることも多いのですが、鉄道やバスでも移動できますよ。

アスワンはヌビア地方になり、**フィラエ神殿**はやはり世界遺産になっています。人造湖のナセル湖もあり、周辺が観光地になっているアスワン・ハイ・ダムもあります。

アレクサンドリアはカイロより少し北に位置していて、カイロから車で移動するなら大体2時間半ほどです。

エジプト第二の都市といわれていて、カイロと変わらないくらい発展している巨大都市です。昔から「地中海の真珠」と言われていたほど美しい港町です。

地下墓地の遺跡**カタコンベ**や丘にそびえ立つ**ポンペイの柱**をはじめ、**新アレクサン**

ドリア図書館、ローマ円形劇場、カイトベイ要塞《ようさい》など見るべきところが多く、国立博物館もあります。

カイロとアレクサンドリアはあまり離れていないのに文化や言葉が異なります。

町並みも違えば、住んでいる人たちの顔も違うので、くらべてみるとおもしろいと思います。

アレクサンドリアは、マケドニアのアレクサンダー大王によって建設された町なので（紀元前330年頃）、ギリシャにルーツがある人たちが多い。そのため顔も訛《なま》りも違うわけです。

食べものも違っていて、コシャリなどにしてもアレクサンドリア風のものがあります。アレクサンドリアでよく食べられるコシャリ・アスファルはシンプルで、見た目はピラフかチャーハンに似ています。

新しくできた町に子供が入れない!?

リゾート地としては**紅海沿いのシャルム・エル・シェイクやフルガダ**だけでなく、**地中海のノースコースト**も人気です。

ノースコーストのあたりは現地では南地中海とも呼ばれます。

北地中海に面しているのがフランス、イタリア、ギリシャで、南地中海に面しているのがエジプト、リビア、チュニジア、アルジェリア、モロッコです。

以前は南地中海でリゾートを楽しむ感覚はあまりなかったのですが、海と砂浜がとてもきれいなこともあり、ゴージャスなリゾート地として開発されました。

エジプト人は服などのトレンドはフォローしないのに、町のトレンドはフォローする傾向があります。

もともと歴史を守る文化なのに、新しくつくりかえるときには本当にすばらしいものをつくりだす。そのため、新しい町が開発されたと聞けば、大きな期待が寄せられて、「行ってみたいな」となるわけです。

紅海側でいえば、フルガダにある**エル・グウナ**という地域が近年開発されて、すごく人気になりました。

注意してほしいのは、新しい町などでは、子供が入れない場所やイベント、泊まれないホテルもあることです。施設が新しく、アンティークなどの高級品が置いてあるような場合、汚されたり壊されたりしたくないからです。

遺跡などには子供でも入れるのに、新しい施設には入れないことがあるのがエジプトという国です。

新しい町がつくられたときに、若い人たちなどは子供ができる前に早めに行っておこうと考えることもあります。

現地では遺跡などがある古い町を「マスル」といい、紅海周辺や南地中海周辺の新しい町を「モダンエジプト」と呼ぶことがあります。

マスルはアラビア語でエジプトという意味です。イスラム教のコーランの中ではエジプトのことがマスルと記されていました。

モダンエジプトでは、フィルムフェスティバルやファッションショーなど、さまざまなイベントが開催されます。

エジプトの未来像が垣間《かいま》見られるような実験的な試みは、マスルではなくモダンエジプトで行われる場合がほとんどです。

2024年にはノースコーストで大規模なサマーフェスティバルが行われ、巨大スクリーンの中では3Dのツタンカーメンが踊ったりもしていました。そういう実験的な試みが行われるのはモダンエジプトならではのことです。

まったり楽しむ地中海、アクティビティが充実の紅海

紅海のリゾート地と地中海のリゾート地では楽しみ方が違ってきます。

紅海の海は透明度が高く、コーラル（珊瑚《さんご》）の周りを色とりどりの魚が泳いでいて、**水中世界が幻想的**です。船底がガラスになっていて海の中が見られるグラスボートやサブマリンに乗ったり、ダイビングをしたりして楽しむのが定番になりました。

広大な**東部砂漠**にも面しているので、サファリやサンドスキーを楽しんだり、ラクダに乗ったりすることもできます。フルガダの少し南には「ラクダの谷」という意味のワーディ・エル・ゲマールという場所もあります。

フルガダやシャルム・エル・シェイクには空港もあり、シャルム・エル・シェイクの近くには、やはりリゾート地として有名になった**ダハブ**もあります。ダハブでもダイビングやマリンスポーツが楽しめます。

南地中海沿岸では優雅な休日をゆっくり過ごし、紅海沿岸では海と砂漠をアクティブに楽しむイメージです。

もちろん、地中海側にも砂漠はあります。有名な**シワ・オアシス**は港湾都市マルサ・マトルーフの南西にあります。このあたりが**西部砂漠**と呼ばれます。

エジプトは〝マフィア〟だらけ？

エジプトを観光する際、知っていると役立ちそうなこと、注意してほしいことなどもまとめておきます。

人気の観光地には〝マフィア〟が多い。

もちろん、本物のマフィアではありません。観光客の皆さんには〝被害〟に遭わないように注意してもらいたい人たちです。

ギザやルクソールなどにはとくに多いといえます。

「キャメル、キャメル（ラクダ）……」、「ガイド、ガイド……」などと寄ってきて、ちょっとしたことで**「バクシーシ！」とお礼のお金を要求**してきます。

要するに、どうすれば外国人観光客からより多くのお金を取れるかということばかりを考えているわけです。

脅す、盗むといった話はあまり聞いたことがありませんが（とはいえ、置き引きやスリなどがないとは言い切れません）、「もっとお礼をください」とプレッシャーをかけてくることがやたらと多い。

実際は怖い人たちではなくても、バクシーシと繰り返されるだけで、日本の人たちは怖いと感じてしまうかもしれません。エジプト人は顔が濃いですからね。

よくあるパターンは料金の上乗せです。

エジプトの観光で人気の馬車に乗るようなときにも、最初は「どこまで行って、何ポンド」という話だったはずなのに、「英語で案内した」、「写真も撮ってあげた」など と追加料金を迫ってくるケースが多いのです。

基本的に**そういうお金は払わなくていい**と考えてください。

仕方がないと思ってあげてしまうと相手を調子に乗せてしまいます。お金持ちだから、もっとお金を取れるはずだと判断されて、「もっとちょうだい」、「もっとちょうだい」となっていきます。

最初に約束していた額しか払わないか、「これ以上のお金は持っていないから払わない」という意思をはっきりと示すのがいいでしょう。エジプトポンドではなく、少額のドルを渡すようにすれば、それ以上は要求されない場合も多いと思います。

マフィアを撃退する言葉「ムシャイズ」

覚えておいたほうがいい言葉のひとつに「ムシャイズ」があります。

これは「いらない」という意味です。

「キャメル、キャメル」などと迫られたときに「ムシャイズ」と返せばいいのです。

もしくは「ハラース」でもいい。

こちらは「終わり！」、「もうおしまい」という意味です。

NOという意味の「ラー」で断ってもいいのですが、「ムシャイズ」や「ハラース」と返せば〝あなたたちがどういうやり方でお金をぼったくろうとしているかはわかっているから付き合うつもりはないですよ〟という強めの意思表示になります。

こうした言葉を聞かされたなら、向こうもあきらめる可能性が高くなります。

警察も信用できない!?

こんなことを書くと怒られるかもしれないけれど、警察だって、ある意味、マフィアのようなものです。

マフィアというのは言い過ぎだとしても、積極的に頼りたい存在ではありません。人を助けることよりもどうすれば自分が得をするかを考える人間が多いからです。だからエジプト人は、困ったときに警察へ行くという考え方はしません。

日本のおまわりさんには親切な人が多いことに驚いたくらいです。

エジプトの警察にしても、目の前で誰かが脅迫されていたりすれば、さすがに止めてはくれます。そういうとき日本では、「ありがとうございます、助かりました」とお礼をいえば、「仕事ですから」となるのではないかと思います。

エジプトではおそらくそうはなりません。警察のほうから「助けてあげたんだからお金をください」と言ってくるかもしれないほどです。

最近は変わってきたかもしれないけれど、わたしがエジプトに住んでいた頃には警察に対してそういうイメージをもっていました。

道に迷ったときなども、わざわざ警察に行くよりは、親切そうな若い人に聞いたほうがいいと思います。

ナイル川あたりでは、一人でコーヒーやハラベッサ（ひよこ豆のドリンク）を飲んでいる若い人がけっこういます。

ゆったりした時間を楽しんでいるわけです。

日本人の感覚ではそういう人に声をかけづらいかもしれないけれど、エジプト人はそういうときに声をかけられても気を悪くすることはありません。急ぎ足で道を歩いている人より、むしろそういう人に声をかけたほうがいいくらいです。

トラブルを回避する賢いタクシーの乗り方

タクシーのトラブルもないとはいえません。

以前にくらべれば改善されていますが、メーターをつけていないタクシーや、メーターをつけているのに回さないタクシーもいます。

まずはメーターを回しているかを確認することです。

メーターの料金にチップの上乗せを求めてくることもあります。

100ポンドや200ポンドの上乗せはいいとしても、それ以上はぼったくりなので払う必要はありません。

エジプトのタクシーはデパート前などにいることは少なく、どこでも見つかるわけではありません。いるところにはたくさんいるけど、いないところにはいない。

朝早い時間などはとくに少ないものです。

タクシーを使うことを考えているなら、最初から配車アプリをスマホに入れて登録しておくのがおすすめです。

エジプトでも「Ｕｂｅｒ（ウーバー）」が定番です。「Ｃａｒｅｅｍ（カリーム）」、「ｉｎＤｒｉｖｅ（インドライブ）」といったエジプト独自の配車アプリもあります。

地域によって、カリームは使えるけどウーバーは使えないなどということもあります。定番といってもウーバーが絶対ではないわけです。

料金としては、町で見つけるタクシーのほうが安いことが多いのですが、ぼったくられたりしない安心さを求めるなら配車アプリを利用したほうがいいと思います。

ただし、配車アプリで呼んだタクシーにしても、良心的とはいえない場合もあります。目的地に着いたあと、「用事（ショッピングなど）が済むまでここで待っててあげる」と言ってくることがあります。

その場合は、待っているあいだの料金を取ることが目的であることが多い。そういうところはやはりギャング的です。

お店に行くなら朝が狙い目

エジプトは**"朝が遅い文化"**だということは、いい意味でも悪い意味でも覚えておいたほうがいいと思います。

第2章にも書いたように、開店時間に店はオープンしていても、まだ準備をしていることは珍しくありません。そこから準備を始めるケースも十分考えられます。

9時開店の店に買い物に行くなら、10時頃に行ったほうが無難です。**「開店の1時間後」くらいをメド**にしておくのがいいかと思います。

朝が遅い文化だという点をうまく利用することもできます。

たとえば、**ホテルの朝食などは、早めに行けばすごく快適**です。ちゃんとしたホテルであれば、朝食が食べられる時間になれば食べられるのに、そういう時間に現れる客はあまりいません。そのため貸し切り気分を味わえることもあるほどです。観光客もエジプトの習慣を教えられているのかもしれません。日本人やアメリカ人が泊まっていても、早い時間帯には出てこない場合が多い気がします。ジムやプールなどもそうです。誰もいないところでシャワーを浴びたり泳いだりできる場合が多くなります。

朝早めに目が覚める人なら、無理にエジプトルールに合わせず、利用できる施設は利用すればいいのです。

そうすれば、一日がスムーズにいきます。

日本の生活に慣れたわたしは、エジプトではそうしています。

週休日が金曜と土曜なので、金曜は閉まっていて、日曜は開いている施設や店もあります。

行ってみて「閉まってた！」とならないように事前に調べておくといいと思います。

必需品はサングラス、マスク、スカーフ

ふだんサングラスを使わない人でも**外出するときは持っておくようにすべき**です。日差しが強いだけでなく、砂ぼこりも多いからです。

日本でわたしは、サングラスをしている人が少ないのに驚きました。濃い色のサングラスをしているのは失礼にあたるという気持ちがあるのかもしれませんが、エジプト人にそういう感覚はありません。

日差しや砂ぼこりに慣れていないのにサングラスをしていなければ、つらい思いをすることになります。

わたしの娘は花粉に敏感だということもあり、エジプトでは花粉メガネとサングラスの両方を持たせています。

エジプトの花粉は日本のようにひどくはないけれど、砂対策にもなります。日差しが

弱いときは花粉メガネをして、日差しが強いときにはサングラスにします。幼い子供がサングラスをしていても違和感がないのがエジプトです。

砂がつらいかも、ということが心配ならマスクも持っておいたほうがいいと思います。以前はマスクをしていれば変な人と見られた面もありましたが、今はそんなことはありません。日本人に限らずマスクをしている外国人もたまにいます。

ただし、**エジプトでマスクを手に入れるのはかなり難しい。**敏感な人ならマスクは日本から持ってきておくのがいいと思います。

わたしは砂漠地帯のフルガダで育ったので、砂には強いほうです。でも、娘は日本で生まれたので砂には慣れていません。

基本的にアラブ人はまつ毛が長くて、あまり目に砂が入ってこないと言われています。気候や暮らしぶりが民族的な容姿につながっている部分もあるのでしょう。

たとえば鼻は、冷たい空気を取り込まないようにするため細く大きくなるので、寒い地域のほうが高くなると言われています。

一般的にアフリカ人の鼻が低いことにも理由はあるわけです。

エジプトでは日傘をさす文化がないので、帽子もあったほうがいいですね。風が強くて簡単に飛ばされてしまうので、ひも付きの帽子がおすすめです。エジプトで日傘を売っている店は見たことがありません。使っている外国人もほとんどいないのは風が強いからではないかと思います。

女性なら**スカーフかショール**を持っておくのもいいでしょう。Tシャツでいる場合にしても、スカーフかショールがあれば、首筋あたりを日差しから守ることができます。モスクに入るときにはヒジャブのかわりにもなります。

ミネラルウォーターは持ち歩くべき

水はやはりミネラルウォーターを飲むようにするべきですが、エジプトにはあまり自動販売機がありません。

自動販売機があったとしても、飲み物を売っている場合は少ない。

自動販売機がわりとあるのはデパートの中などです。

デパートにはお店がいっぱいあるにもかかわらず、自動販売機で売られているのはチョコレートなどが多いのだから、「なんで?」という感じです。

わたあめが売られている自動販売機もありました。

おそらくはちょっとだけ何かを食べたい人に向けた設備なんだと思います。

チョコレートが好きなエジプト人は多いけど、エジプトは暑いのですぐに溶けてしまいます。自動販売機で売られているのは小さなサイズのものになっているので、家に帰るまでにちょっとだけカロリーをとっておくイメージなのだと思います。

飲み物を売っている自動販売機はめったにないにもかかわらず、エナジードリンクが入っているのを見たことはあります。

自動販売機で売られているのは50エジプトポンドくらいのものが多くなっています。最近、レートの変動は大きくなっていますが、1ポンド3円とすれば150円です。エジプトで水を150円で売るのは高すぎるので、あまり自動販売機には入れないのではないかと想像されます。

スーパーなどで水を買うなら、だいたい30円くらい。安くて20円、高くても50円くらいまでという感じです。

自動販売機は期待できないので、ミネラルウォーターはカバンに入れて持ち歩くようにしたほうがいいと思います。

ギザなどでは、水を売っている小さな屋台をときどき見かけます。日本のお祭りではアイスボックスに氷を入れてラムネなどを売っていますよね。あのような感じで水を売っているわけです。

でも、ピラミッドのすぐ近くではなく、少し離れた場所だったりするので、欲しいときにいつでも買えるわけではありません。

エジプト名物!?
謎のクロワッサン

エジプトにコンビニは少ないですが、**キヨスクに似た売店**はいろいろな場所にあります。日用品はあまりなく、主にお菓子やジュースが売られています。

エジプト人は、スーパーに行くほどではない買い物をしたいときに、こうした店を使います。

地方や観光地にもキヨスクのような店がかなり多い。50メートルおきくらいにお店が出ているところもあるほどです。

でも、ピラミッドのそばなど、ないところもあります。そのためやはり水は最初から持っておくことをおすすめします。

キヨスクのような店ではサンドイッチなどは売られていませんが、**クロワッサンも**

どきのお菓子のようなものが売られています。

チョコ入り、チーズ入り、ジャム入りなどいろいろあります。

エジプト人はわりとよく食べるんだけど……。

ちゃんとしたクロワッサンしか知らない日本人が食べれば、ショックを受けるくらい「まずい！」と感じるんじゃないかと思います（笑）。

お土産として日本に持って帰る人がいるとも聞きましたが、ちょっと信じられない。

わたしも昔は食べたけど、本物のクロワッサンに慣れた今となっては食べたいとは思いません。娘にも食べさせないようにしています。

日本人にとっては物珍しいのだとしても、個人的には勧められるものではありません。

ヘビのマークは
ドラッグストアのしるし

エジプトでは、古くからやっている**ドラッグストアのほとんどの看板にヘビと杯のマーク**がついています。

ギリシャ神話に登場する〝医術の神〟アスクレーピオスの娘であるヒュギエイアのシンボルが「ヘビが巻き付いた杯」であることに由来します（アスクレーピオスのシンボルは「ヘビが巻き付いた杖《つえ》」で、こちらは世界保健機関＝ＷＨＯのマークにもなっています）。

ヘビと杯のマークがあれば、その店はほぼ間違いなくドラッグストアです。

日本のドラッグストアでは、客が棚から欲しいものを取ってレジに持って行きますが、エジプトは**店員に欲しいものを伝えて出してもらうシステム**です。

英語が通じる店舗は多いと思うので、欲しいものが英語で言えるようになっておくといいと思います。

日本人は生理用品のことをよくナプキンといいますが、エジプトでナプキンと言ってもおそらく生理用品は出てこないはずです。

店員相手にうまく説明できないと思うなら、日本から持って行くか、スーパーなどで買うのがいいと思います。

遺跡周辺はトイレが少ないので要注意

観光中はトイレ問題もあります。

ピラミッドでも、ほかの遺跡でも、離れた場所まで行かなければトイレが見つからない場合がよくあるのです。

トイレがあったとしても、**工事現場の仮設トイレのようなもの**で、水も出なければトイレットペーパーもないといったこともあります。

その対策という意味でも、水は持っていたほうがいいわけです。ポケットティッシュやウェットティッシュなども持っていくことをおすすめします。

エジプト人は、トイレが見つからないことに体が慣れているところもありますが、観光客はその点が不便になります。

男性なら、場所を選べば外でもできるでしょうが、困るのは女性です。

観光中にあまり飲食しないようにしたり、スケジュールに余裕をもたせておくのがいいかと思います。

わたしも、遺跡観光する際には朝にコーヒーを飲まないようにするなど、なるべくトイレに行かないで済むようにしています。

子供が一緒のときには、一日のうちにあちらこちらに行ったりはしないで、ピラミッドに行ったらそのあとにはレストランに行くようなスケジュールを立てておくようにもしています。

レストランや博物館などには普通のトイレがあるのはもちろんです。

ホテルのトイレやお風呂事情について

ホテルなどのトイレも当然、ちゃんとしています。

大きなホテルのロビーにあるトイレなら宿泊客ではなくても使えるので、なるべくそういうところを利用しておくのがいいと思います。

ただし、〝世界旅行あるある〟ですが、使ったトイレットペーパーを流すと、すぐに詰まってしまいます。

使ったトイレットペーパーは、トイレに流すのではなく、フタ付きのバスケットに捨てることになります。

抵抗はあっても慣れてもらうしかありません。

また、ホテルのお風呂《ふろ》は、部屋にシャワー施設があるだけで、**バスタブがないパターン**もわりとあります。

ヨーロッパの人などもシャワーだけで済ませる場合が多いからです。バスタブにこだわる人なら、ホテルを予約するときに確認しておいたほうがいいと思います。

ホテルでも一般の家庭でも、基本的には玄関から入ったら、ドアの近くで靴は脱ぎます。とくにカーペットを敷いてある一般家庭には土足で入ったりはしません。スリッパが置いてあるかは家次第で、家の中では靴下や裸足《はだし》で過ごす人もいます。

エジプトでは、家の中まで砂が入ってきやすいので、裸足で歩けばザラザラ感が気になるかもしれません。

ホテルでもスリッパが用意されているところもあれば、ないところもあります。

事前に確認はしにくい部分なので、飛行機や日本のホテルでもらえる携帯スリッパを持っておくといいと思います。

勘違いされると困りますが、エジプトのホテルには期待できないということではありません。

ジムやスパ、プールなどがついている高級ホテルも多いので、そういうホテルを選択すれば、エレガントな気分を味わえる旅行が楽しめるはずです。

ピラミッドを10倍楽しむためのヒント

エジプトにはいろいろなタイプのレストランがあります。

ツアーであれば、これまでのお客さんに評判がよかった店を中心に組み入れているはずなので、安心して料理を食べられると思います。

今、人気なのは**「ナインピラミッドラウンジ（9 Pyramids Lounge）」**です。パッケージに含まれていなければ予約してでも行ってみたほうがいいかもしれません。

ギザの三大ピラミッドの中央に位置していて、名前どおり9つのピラミッドが見渡せる絶好のロケーションにあるラウンジレストランです。

さまざまな賞を取ったことがあるエジプト料理のレストランをはじめ、有名なカフェやフランスのパティスリーなども入っています。ピラミッド型のケーキもあるので、ぜひ食べてもらいたいです。

ピラミッド観光をしたあと、こうした特別な場所でおいしい料理を楽しむというのはすごくぜいたくな話です。

ギザ観光の日にはピラミッドとスフィンクスを見て、新しくできた**大エジプト博物館**を見学してナインピラミッドラウンジに行けば、一日をしっかり楽しめます。

ピラミッド内部では服が汚れるので、ピラミッド観光のあとにナインピラミッドラウンジに行く予定なら**着替えは用意**しておいたほうがいいですね。

エジプトでは空港だけでなく、一部のデパートやスーパーなどさまざまな場所にセキュリティがあり、レーンの上にバッグを置くことになるケースが増えるので、ブランド品のバッグなどではなく**汚れてもいいバッグ**で来てもらったほうがいいと思います。

大エジプト博物館については第2章でも触れましたが、玄関ロビーにはラムセス広場から移された**巨大なラムセス二世像**が立っています。

アブ・シンベル神殿の座像と同じように、年に2回、10月22日と2月22日（即位した日と誕生日）にだけ太陽光が差し込む仕掛けになっています。

大エジプト博物館には、古代エジプトのさまざまな至宝が集められているので、プレオープン段階でも、見て回るのには2、3時間はかかるほどです。

エジプト土産が買える2つのおすすめスポット

カイロには**ハン・ハリーリという大きな市場**があり、そこでお土産品を買う人が多くなっています。民族衣装のガラビアやリネンのスカーフ、香水（香水瓶）などが人気のようです。

わたしのおすすめはパピルスです。

古代から使われていた茎の繊維からつくった紙で、土産物にはバステト神やツタンカーメン、ピラミッドやラクダなどエジプトらしい絵が描かれています。大きなものから小さいものまでサイズはさまざまです。

パピルスにヒエログリフで名前などを書いてくれる店もあります。

ゴールドやシルバーのアクセサリーにも同様のサービスがあります。

パピルスなら1時間ほど、アクセサリーなら1週間ほどかかる場合が多くなります。エジプトに着いた初日にカイロでオーダーしておき、帰国する際に持ち帰るといった方法もあります。

エジプトのゴールドは日本よりは安いので、いい記念になると思います。

カイロのナスルシティには**「シティ・スターズ」という大きなショッピングモール**があります。土産物を販売するフロアもあって、パピルスもアクセサリーも数多く扱われています。ヒエログリフを書いてもらいたいときは市場で注文してもいいのですが、こうしたショッピングモールのお店で注文すれば、より安心かもしれません。

エジプトで学んでほしい「生きる知恵」

どこでも買える定番のお土産としては、**エジプトビール**、**Nefertari（ネフェルタリ）というブランドのナチュラル石鹸《せっけん》**、**コットンタオル**、**チョコレート**などが挙げられます。

最近は日本でも売られるようになりましたが、**Patchi（パッチ）**というブランドのチョコレートも人気です。

ドバイのチョコレートのようにも言われているけど、本当はレバノンで誕生したものです。それをエジプト人がイギリスのハロッズ（世界一の百貨店ともいわれる老舗《しにせ》デパート）で販売するようにしたことから「中東のゴディバ」と言われるほど人気になりました。

クセがないので、日本人が好きな味のはずです。

ほかでは、スパイスやハーブ、ナッツなどもおいしくて安い。
エジプトワインもいいと思います。小さなサイズのものもあります。

せっかくエジプトに来てもらったなら、いい思い出をたくさんつくってもらえたらいいなと思います。

エジプトには注意してほしいことがあったり、クセが強い人たちがいたりもしますが、とにかく歴史が深い国です。

複雑な歴史の中で学んだ知恵もあり、誰とでも仲良くして、ストレスをためずに毎日を楽しく生きている人ばかりです。

日本人とはずいぶんキャラクターも違うので、わたしたちのことをもっと知ってほしいですね。

ぜひ一度、エジプトに来てみてください！

八十 恵（やそ　めぐみ）

1989年生まれ、エジプト紅海沿岸のフルガダ市出身。2010年にカイロのヘルワン大学を卒業後、エジプト政府で建築家として働く。2011年のアラブの春がきっかけで職を失い、現地の日本語学校に入学。その後日本人男性と出会い、2016年に国際結婚。2021年にエジプト文化や日本での日常を発信するYouTubeチャンネル「THEエジプト人です！」を開設。現在は、親子モデル、日本語・アラビア語の通訳者、アラブ諸国のツアーガイドとしても活躍。

エジプト人《じん》の「いい加減《かげん》」で
がんばりすぎない生《い》き方《かた》
「やれたらやります精神《せいしん》」で人生《じんせい》は楽《らく》になる

2025年3月14日　初版発行

著者／八十《やそ》 恵《めぐみ》

発行者／山下直久

発行／株式会社KADOKAWA
〒102-8177　東京都千代田区富士見2-13-3
電話 0570-002-301（ナビダイヤル）

印刷所／大日本印刷株式会社

製本所／大日本印刷株式会社

●お問い合わせ
https://www.kadokawa.co.jp/（「お問い合わせ」へお進みください）
※内容によっては、お答えできない場合があります。
※サポートは日本国内のみとさせていただきます。
※Japanese text only

定価はカバーに表示してあります。

ISBN 978-4-04-607217-7　C0095